SHOUDU GAOZHI YUANXIAO
SHEQUHUA BANXUE MOSHI TANSUO

首都高职院校社区化办学模式探索

夏 飞 ◎ 著

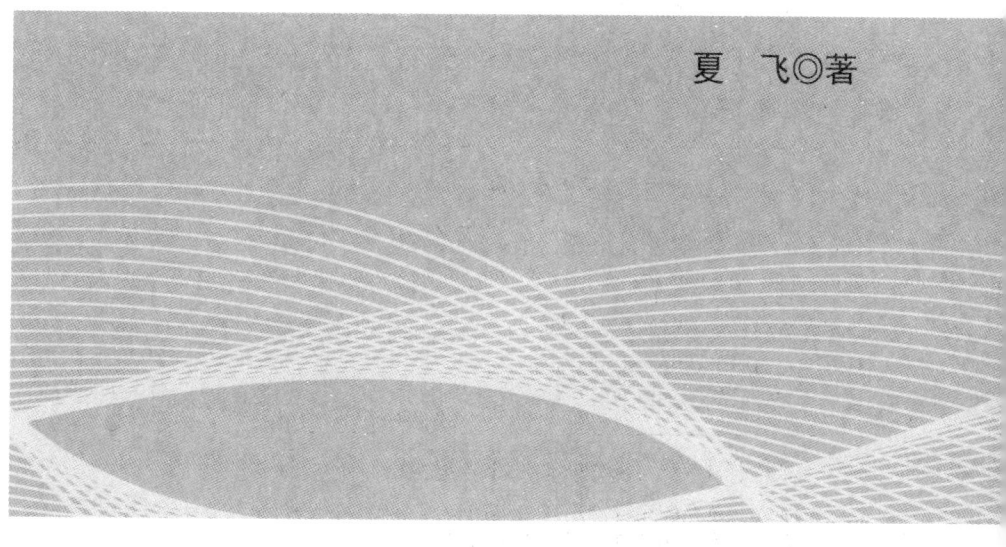

中国社会科学出版社

图书在版编目(CIP)数据

首都高职院校社区化办学模式探索/夏飞著.—北京：中国社会科学出版社，2015.8

ISBN 978-7-5161-6824-0

Ⅰ.①首… Ⅱ.①夏… Ⅲ.①高等职业学校—办学模式—研究—北京市 Ⅳ.①G718.5

中国版本图书馆 CIP 数据核字(2015)第 189643 号

出 版 人	赵剑英
责任编辑	孙 萍
责任校对	任晓晓
责任印制	王 超

出　　版	中国社会科学出版社
社　　址	北京鼓楼西大街甲 158 号
邮　　编	100720
网　　址	http://www.csspw.cn
发 行 部	010-84083685
门 市 部	010-84029450
经　　销	新华书店及其他书店
印刷装订	三河市君旺印务有限公司
版　　次	2015 年 8 月第 1 版
印　　次	2015 年 8 月第 1 次印刷
开　　本	710×1000　1/16
印　　张	14
插　　页	2
字　　数	206 千字
定　　价	49.00 元

凡购买中国社会科学出版社图书，如有质量问题请与本社联系调换
电话：010-84083683
版权所有　侵权必究

前 言

职业教育是我国教育体系的重要组成部分，是培养高素质技能型人才的基础工程。高职教育作为职业教育的高端形态和重要组成部分，承担着密切联系产学研合作、培养服务区域发展的技术技能人才、重点服务企业特别是中小微企业的技术研发和产品升级、加强社区教育和终身学习服务的重要职能。高职教育的主要载体高职院校加强社区教育和为终身学习服务，逐步实施社区化办学已经成为新时期高职院校内涵发展的战略选择。

2014年，首都北京确定了全国政治中心、文化中心、国际交往中心、科技创新中心四个中心新的城市定位，这一城市功能定位明确了北京的经济产业结构必须转型升级，要调整疏解非首都核心功能，优化产业结构，突出高端化、服务化、集聚化、融合化、低碳化，有效控制人口规模。这一转变传递到职业教育，影响是十分明显的。在经济结构转型升级和适龄学历人口不断下降的情况下，在北京要大力疏解非首都核心功能，将职业教育列入禁止发展产业目录中的情况下，首都高职教育已经完成了首都高等教育大众化的任务，为首都经济和社会转型以及京津冀一体化协同发展提供大量的高端技术技能人才，成为新时期首都高职教育的主要任务。新时期首都高职教育如何定位、如何发展，是摆在首都职业教育界的首要问题。首都职业教育特别是高职教育必须进行深度资源整合，大力发展职业教育、社区教育、继续教育三教融合的"社区学院模式"。首都职业教育特别是高职院校通过创建社区学院的模式进行高职院校社区化办学模式的探索是一个全新的课题，也是值得积极实践的重要发展战略。

本书共分六章。第一章首都职业教育改革与发展新趋势初探，提出了首都高职院校社区化办学将是首都高职教育的发展新趋势之一。第二章则归纳总结了高职院校社区化办学创建社区学院的理论基础。第三章国外和台湾地区的"职社融合"情况，梳理了国外和台湾地区高职教育与社区教育融合的经验。第四章国内城市高职院校创建社区学院的模式和案例，总结出了目前我国高职院校创建社区学院的四种主要模式。第五章北京市社区学院发展情况，介绍了首都现有社区学院的基本情况。第六章依托北京财贸职业学院创建通州社区学院的探索是针对首都高职教育与社区教育发展状况，提出依托北京财贸职业学院创建通州社区学院的模式，为首都高职院校社区化办学提供新的实践探索。

本书在撰写过程中，得到了教育部职业技术教育中心研究所、北京市教委职业教育与成人教育处、北京市教育科学研究院职成所和北京财贸职业学院相关领导和研究人员的大力支持和指导，并参阅借鉴了许多专家学者和同行的研究成果，得到了很多写作的启发和灵感。在此一并表示感谢。

由于笔者的理论水平和实践经验的局限，加之时间仓促，本书必然有不周和不当之处，敬请同行和读者批评、指正。

作　者

2015 年 7 月

目 录

第一章 首都职业教育改革与发展新趋势初探 …………（1）
  第一节 首都职业教育的现状 ……………………………（2）
  第二节 首都职业教育改革和发展的新趋势 ……………（7）
  第三节 首都职业教育新趋势下的改革发展新策略 ……（19）

**第二章 高职院校社区化办学创建社区学院的
        理论基础** ………………………………………（32）
  第一节 高职院校和社区学院等主要概念的内涵 ………（32）
  第二节 社区职业教育模式与功能及其特点 ……………（46）
  第三节 高职教育与社区教育融合的理论依据 …………（52）
  第四节 高职院校创建社区学院的意义 …………………（62）

第三章 国外和我国台湾地区的"职社融合"情况 ………（72）
  第一节 美国社区学院 ……………………………………（72）
  第二节 欧洲的"职社融合"发展情况 …………………（83）
  第三节 亚洲地区"职社融合"情况 ……………………（94）
  第四节 我国台湾地区的社区教育 ………………………（100）
  第五节 各地社区教育的成功经验对我国
          内地的启示 ………………………………………（110）

第四章 国内城市高职院校创建社区学院的模式和案例 …（118）

  第一节 高职院校与社区学院两翼一体模式…………（121）

  第二节 高职院校、电大和社区学院的三位一体模式 …（134）

  第三节 高职院校与现有社区学院联合体模式 ………（141）

  第四节 高职院校与街道办校政共建模式……………（144）

  第五节 几点启示………………………………………（148）

第五章 北京市社区学院发展情况 ……………………（152）

  第一节 北京市社区教育发展现状……………………（152）

  第二节 北京市社区学院的发展………………………（159）

  第三节 主要社区学院情况概述………………………（160）

  第四节 首都社区学院的发展困境及展望……………（174）

第六章 依托北京财贸职业学院创建通州社区学院的探索
    ——北京城市副中心视野下的通州

    社区学院创建 ………………………………………（178）

  第一节 高职院校在北京学习型城市建设中的

      战略定位………………………………………（180）

  第二节 北京城市副中心建设视野下的终身教育观 …（188）

  第三节 依托北京财贸职业学院创建通州社区学院 …（190）

附录 北京市教育委员会关于新时期促进本市
    社区学院建设和发展的意见………………………（206）

参考文献 ………………………………………………………（212）

后　记 …………………………………………………………（215）

第一章

首都职业教育改革与发展新趋势初探

2014年5月,习近平总书记提出了"新常态"这一时代判断,强调要"进一步增强信心,适应新常态,共同推动经济持续健康发展"。并系统阐释了新常态的九大趋势性变化,强调八个"更加注重",即必须更加注重满足人民群众需要,更加注重市场和消费心理分析,更加注重引导社会预期,更加注重加强产权和知识产权保护,更加注重发挥企业家才能,更加注重加强教育和提升人力资本素质,更加注重建设生态文明,更加注重科技进步和全面创新。新常态不仅是个经济概念,而且是包括经济建设、政治建设、文化建设、社会建设、生态文明建设在内的总体战略判断。新常态为指导职业教育从更高视角和大背景下推进改革、促进转型升级指明了方向。2015年2月在京召开的中央财经领导小组第九次会议上,习近平审议研究《京津冀协同发展规划纲要》,这也是习总书记对首都进行重新定位一周年之际再次对首都的发展提出要求。其中明确提出,要通过疏解北京非首都功能,调整经济结构和空间结构,走出一条内涵集约发展的新路子,探索出一种人口经济密集地区优化开发的模式。职业教育受教育人口会更加受限制,在此背景之下更应该思考如何提升内涵发展的空间,这是当前首都职业教育人必须思考的问题。职业教育的发展离不开经济社会的发展,北京要深度研究当前全国和首都经济发展的总的形式，把握好中央经济工作会议当中经济发展新常态的要领，结合新常态的持续发展研究职业人才培养的特点。

北京作为首都，新的城市战略定位是"四个中心"，即政治中心、文化中心、国际交往中心和科技创新中心。新的城市战略定位要求北京坚持和强化首都核心功能，深入实施人文北京、科技北京、绿色北京战略，将北京建设成国际一流的和谐宜居之都。新的功能定位明确要淡化北京的经济功能，要疏解北京扮演的经济中心、金融中心、科研中心、教育中心等诸多功能。城市功能战略定位决定城市产业布局与发展，北京将突出高端化、服务化、聚集化、融合化、低碳化，致力于高端引领、创新驱动、绿色低碳的产业发展模式，避免发展需要密集劳动力的产业和其他有悖于首都城市战略的产业。基于京津冀协同发展战略和打造北京城市副中心，北京城市功能将部分地疏解到周边城市和地区，首当其冲的是劳动密集型产业链上游产业、非市场因素决定的公共部门、部分央企总部和"高能耗"企业。职业教育与经济发展、产业需求的联系最为密切，北京城市功能战略定位和产业格局的变化，将影响对职业教育的需求，影响技术技能型人才需求的层次、规格和专业方向，可能带来职业院校的整合及布局调整。

第一节　首都职业教育的现状

一　首都职业教育的基本状况[①]

首都职业教育主要由三部分组成，即中等职业教育、高等职

---

①　数据来源于北京市教委发展规划处《2013—2014学年度北京市教育事业统计资料》。

业教育和职业培训。2013年，北京中等职业学校119所，其中中等专业学校31所，成人中专11所，职业高中55所，技工学校22所。中等职业教育招生7.23万人，在校生20.86万人，毕业生8.98万人。高等职业学校26所，其中公办17所，民办9所。2013—2014学年度，招生2.74万人，在校生7.56万人。职业培训近年来在北京呈现快速增长趋势。2013年，北京有职业技术培训机构3595所，比2006年增加350所；培训机构注册学生292.89万人，较2006年增长73.51万人。培训规模快速增长的同时，培训的领域门类、面向对象和覆盖面也不断扩大。

二 首都职业教育存在的主要问题

近年来，首都职业教育紧紧围绕首都经济社会发展需求，坚持高标准、高投入，统筹规划与重点突破相结合，在硬件和办学基础能力建设方面取得了一定的成绩。但是，随着北京经济社会的发展、产业结构的调整升级以及京津冀一体化战略的实施，对提升职业教育人才培养质量的要求越来越高，对推进职业教育深层次改革的迫切性也越来越强。

（一）职业教育对学生的吸引力十分有限

吸引力有限主要表现为：中职招生规模不振，高职招生规模下滑，学生升学意愿倾向于普通高中和普通本科。主要原因是：家长和学生发展期望值较高，不愿意从事技能工作，并且继续升学渠道不畅通；担心职业院校校风不良；职业院校办学条件、专业设置和教育质量与家长期望值有差距；职业院校收费高于普通学校；等等。

（二）对职业教育人才培养质量的满意度不高

主要是因为职业教育专业结构与产业结构及企业需求对接还不够紧密；人才培养过于强调技能，学生综合素质养成不足；学生对就业的满意度不高。

（三）现代职业教育体系尚未形成

目前职业教育体系的缺陷主要表现在：初中教育缺乏职业认知课程，初中毕业生升学选择盲目；高中和中职沟通渠道尚未建立，缺乏学生双向流动机制；高中通用技术课程单薄；中高职衔接机制已经建立，但覆盖面有限；高职层次单一，更高层次的职业教育仍属空白。

（四）资源配置尚有优化提升空间

突出问题有：一校多址情况普遍存在，形不成规模效益；部分学校办学条件不佳，实训基地数量不足、质量不高；专业重复建设，实训基地难以共享；传统专业缺乏改造，提升较慢，新兴专业建设缺乏足够支持。

（五）招生考试制度不合乎人才成长规律

主要表现在："3+2"中高职衔接灵活性不足；学生和学校缺乏足够的相互选择权；中考和高考形式多样性不足，考试没有体现出甄别和选拔技能型人才的针对性和有效性。

（六）教育教学改革有待于进一步深化

职业院校学生素质教育成效还不明显；教学中学生主体地位远没有落实到位，学生学习积极性还不高。

（七）教师队伍建设仍然需要攻坚克难

不足之处主要在于：教师企业实践不足的问题仍然存在，"双师型"教师数量仍然偏少；教师培训发挥北京丰富的教育和人才资源优势还不充分；促进教师能力提高的方式还不够多样化。

（八）职业教育投入机制亟待完善

主要表现在：不同类型的中职学校拨款体制不一，难以统筹管理；生均财政拨款标准低于生均培养成本，中职学生低于普通高中学生，高职学生低于普通本科学生；学费偏高，学生负担较重。

（九）职业教育相关政策缺乏统筹

主要表现在：不同类型的职业院校申请职业技能鉴定资质缺乏平等地位；相关部门招收非京籍学生的政策缺乏统筹和长期考虑；中职学校学生学籍尚未纳入统一管理体系；普通高中和中职接收借读学生权利不对等；职业教育联席会议机制尚未发挥作用。

（十）全社会关心支持职业教育发展的氛围尚未形成

突出表现为：相关部门领导对职业教育认识不一致，有些区县没有落实教育附加费中30%用于发展职业教育的经费；对弱势学生群体成长关心和重视不够，投入倾斜力度不足；针对职业教育的积极性宣传报道数量较少，形式不够生动，内容挖掘不深。

三 深刻认识办好首都职业教育的重大意义[①]

目前，随着首都适龄教育人口的下降，以及老百姓生活水平的提高，上普通高中、上大学本科成为绝大多数家庭的首选，北京市职业学校特别是中等职业学校普遍遇到了生源数量骤减、质量下滑的巨大困难，一些学校开学时面临只有几十名甚至十几名新生的窘境。与此同时，关于北京要不要办职业教育的争论也浮出水面。虽然职业教育面临着很多问题，举步维艰，招生困难，教师队伍也有波动；但无论是从全市经济社会发展的需要来看，还是从推进首都教育现代化的进程看，以及从发展民生、促进充分就业的角度看，都必须重视职业教育，办好职业教育。

从学龄人口数量的变化形势来看，保持一定数量的高中阶段及以上的教育资源才能承载即将到来的就学压力，中等职业教育和高等职业教育规模应保持在合理水平。依据学龄人口数量分

[①] 何劲松：《加快发展首都现代职业教育》，《前线》2014年第8期。

析，2014—2020年本市常住人口小学和初中教育招生规模将呈增长态势。假设保持现有的中招中考和高招高考政策基本不变，2014—2021年中等职业教育和高等职业教育招生数将逐年提高。为应对即将到来的就学压力，保持一定数量的高中阶段及高等教育资源是必要的，职业教育规模应该保持在合理的水平。

根据国家对北京政治中心、文化中心、国际交往中心、科技创新中心的城市定位，转变发展方式、推动转型升级迫切需要发展现代服务业。服务业的发展需要大批的高素质技术技能人才，这对职业教育提出了新的更高要求。从首都产业发展对人才的需要来看，高层次和部分行业技术技能人才无法依靠劳动力市场机制从外省市调配，首都职业教育层次和专业结构必须要适应这部分产业对人才的需求。当前，首都经济增长方式正向更加依靠科技进步和劳动者素质提高加快转变，经济转型、产业升级急需人才技能和素质的提升。市统计局2013年抽样调查显示，未来两年，本市技能人才缺口60万人，其中技师、高级技师缺口13万人。这些人才无法仅仅依靠劳动力市场机制从外省市调配。本市职业教育必须在人才培养层次、规格和专业结构上适应这部分产业对人才的需求。目前对职业人才培养重视程度不够。北京对人力资源的吸引力越来越大，北京即使不办职业教育，也会有人力资源的输入，但是输入的人力资源的水平与需求不一定匹配，带来的主要是廉价劳动力。一方面觉得人力资源素质低，另一方面企业又觉得人力资源好用，成本低。这是首都城市管理的一大矛盾。由于人力资源的低成本，使首都很多产业的品质提升不了。政府不能简单地跟着市场走，政府要努力提升首都人力资源素质，提升行业准入标准，就要认真办好首都职业教育。

从教育发展和人才成长规律来看，保持教育的适度分流和因材施教仍然是必要的，非学术型人才成长必须依靠职业教育。因材施教是教育的基本原则，非学术型人才成长必须依靠职业教育，世界各国普遍实行高中阶段普职分流的制度。据联合国教科文组织的统计，2006年世界各大洲及地区中等职业教育学生占全部高中阶段学生总数的比例平均水平在20%—40%，OECD的30个成员国中职学生所占比例平均为34%。发达国家和部分经济发展较快的国家和地区，中等职业教育毕业生直接就业的比例不断降低，而继续升学的比例稳中有升，中等职业教育逐渐向高等教育延伸发展。

从教育公平的角度看，学习困难和家庭经济困难的弱势学生群体需要政府提供更加有针对性的教育，保障他们有足够的就业创业能力。从全球来看，青年和职业学校学生都是就业政策重点关注和教育政策倾斜照顾的弱势群体。北京市也有相当一部分中等职业学校学生来自于郊区县、单亲家庭、经济困难家庭和非独生子女家庭，与在义务教育阶段学习困难的学生一样属于弱势群体。相对于考入一本和二本的学生而言，高等职业学校也属于这个群体。这部分学生需要政府提供更加有针对性的教育，应该有更多的倾斜和投入，使得每一名青少年都获得必要的知识和生存技能，以促进充分就业、教育公平和社会和谐。

首都具有特殊的城市功能定位，社会稳定、教育进步和产业发展仍然需要职业教育。在严峻的形势面前，政府应该更加重视发展职业教育，制定更加积极的政策措施，办好职业教育。

第二节　首都职业教育改革和发展的新趋势

根据首都新的城市功能定位，对于职业教育的发展提出了更高的要求，需要在人才培养与匹配上相互适应，以有力的人力资源来推动城市职能的实现。对于未来的职业教育提出什么样的人才培养要求，将是发展职业教育的重要指向，能够促进首都城市职能的转型发展。

一　首都城市功能新定位对职业教育发展的新要求

（一）重新定位首都发展的人才和培养需求

明确首都的城市新定位。2014年习总书记来北京视察工作，明确了首都政治中心、文化中心、国际交往中心和科技创新中心四个中心的新定位。这四个中心是在原有对北京城市功能的认识上的进一步凝练。具体分析，这四个中心是有层次区别的。北京是党中央、国务院所在地，政治中心是北京的核心功能，是核心功能的核心。北京作为文化中心，是由于北京有着3000多年的建城史，800多年的建都史，形成了深厚的文化底蕴。同时又由于是中华人民共和国的首都，北京荟萃了全国各地方、各民族的文化。北京作为政治中心和文化中心，是国内任何其他城市不可比拟的，这是首都发展的重要特征。国际交往中心是政治中心派生出来的功能。由于北京是国家的政治中心，必然与国际社会交往很多，政治、军事、文化交往等，它均有国际交往中心的功能。科技创新中心，是因为北京具有深厚的文化底蕴和顶级的科技文化机构，依托这些科技文化资源北京成为科技创新中心。北京的四个中心的城市功能定位有一定的层次性，有主辅之分。

分析北京的人才需要与产业结构的匹配问题。人才需要不能仅看现有的产业和行业发展的需求，还要根据首都城市功能的定位，根据北京发展高精尖的产业这个基本思路去分析今后首都区域内对人才的需求。从人才的内在需求来看，至少要考虑三个要素：首先，在文化素养上，北京要发展高精尖产业，从业人员的文化素养是不可缺少的，而且不能过低。北京现在的一些产业对劳动者的需求一般是忽视文化素质，只要经过一个简单的职业训练、能够操作就可以了。这是对很多行业初级岗位的要求。产业结构调整、产业水平提升之后，这种状况就不能存在了。而且这类人才也不应该是北京自己来培养的重点和主要对象。其次，在职业素养上，职业素养不仅仅是指很微观的职业培训产生的效果，更是劳动者对其所从事的职业的理解度。一个人只有认识这个企业，认同企业文化，才有可能产生一种自发的、自我激励的劳动兴趣，才能做好工作。现在的职业教育在人才培养上是比较薄弱的。最后，在特长的培养上，职业人才的培养不仅要让他了解他所对应的职业岗位的要求，还应该具有一定的特长。需要人才具备与职业岗位需要相一致的专长，产业结构调整向高精尖发展，人才的素质要求也应该往专长发展，职业教育培养的定位也应当将特长培养作为核心。

（二）系统研究首都职业教育的人才培养体系

以往那种以学历的高低来确定人才培养水平高低的模式和理念已经落后了。随着产业的发展，很多企业内部蓝领与白领的区别已非常模糊。即便是白领，也要具有很强的职业素养、能力素养和技术素养。即便对于蓝领，也需要文化认同和文化理解，这样他才能很好地发挥作用。这种背景下，需要考虑将现代职业教育体系真正完善起来，并且形成一个可视的体系。这种体系不是简单地把几段文化教育连接起来，而是要从高中阶段教育开始，一直到研究生阶段教育进行总体设计。根据不同的行业和岗位的需求能有一个系统设计。这种设计可以是在不同的点上都有出口，也都有进口。使职业人才的培养形成一个融会贯通，同时又可进可出的体系。构建这个体系在北京是有条件的。一方面北京经济发展水平比较高，产业的品质比较高，对劳动者的素质要求比较高；另一方面首都有很丰富的教育资源，包括文化教育资源、职业教育资源和企业教育资源。另外，社会和企业对人才的评价观念和机制在发生变化。过去职业教育得不到社会认同，这确实是一个实际情况，初中毕业生首选中职的比例很少，到高中阶段，选择高职院校多少是无奈的，这主要是与学生毕业后在社会上的地位有关。现在从新的产业发展来看，对劳动者的能力素质的要求越来越高，所以评价标准也在变。再加上首都的高等教育普及程度比较高，人们对学历和学位的计较在下降。现在博士、硕士多了，已不是稀缺人才，人们反倒是会去看人的实际能力，这种变化在发生。这都有利于首都构建现代职业教育体系。在体系设计上一定要避免简单地把几段教育拴在一起，应形成一个内在的衔接机制。

（三）深化首都职业教育的资源整合

北京的教育资源十分丰富，中等职业教育、高等职业教育、大学本科教育资源都很多，但是现在尚未得到充分利用。无论是学术方面的资源，还是技术训练方面的资源，都有很多闲置的部分。需要有一个总体的方案设计，将这些资源利用起来。

首先，就其本身和内部而言，首都职业教育资源有待整合，体制割裂亟须打破，活力有待增强，质量、特色需要进一步提升；还更多局限于学历职业教育，职业培训的发展没有更大突破；以学校作为发展职业教育的主要场所，利用行业、企业、社区发展职业教育很不够，行业、企业参与职业教育还十分不足。其次，就职业教育同其他教育的关系而言，在实践中首都职业教育尚未处理好同普通教育的关系，尚未实质性推动职普融通，也没有做到同成人教育、社区教育更好地结合；职业教育处在整体教育的边缘，同普通教育相比处于"次等"教育、"二等"教育地位；职业教育没有优势，同首都教育整体水平较高形成明显反差。再次，就职业教育发展的外部环境而言，鄙薄职业教育的文化氛围，收入分配不均衡和技能人才没有真正受到重视，就业准入制度不落实，职业资格体系不健全，等等，都构成了不利于职业教育发展的重要因素。①

（四）加大管理体制和政策支持改革力度

1. 管理体制

北京现行的对职业教育的管理体制不仅是分散，而且是分段的，这不利于现代职教体系构建和新型人才培养模式的形成。要调整管理体系，首先，教育部门应该把职业教育一体化管起来，要彻底解决这个问题。要把职业教育打通，对职业教育进行一体化管理。现有的职业教育应能形成一个独立的体系，统管起来。另外，现在分散在各个部门的职业学校怎么能在体系上相对地理顺关系。不是简单地把这些学校划归到一个部门管理，而是要找到一种方法将这些资源整合起来，能形成一个人才培养的链条，而不是一个封闭的、间断的人才培养的机构。

2. 政策支持

（1）教师资源的开发。应该专为职业教育的教师职业发展设计一个模式。普通教育教师的发展目标很明确，政策也很清晰，已经被社会广泛接受和认可。但是职业教育教师职业发展难度比较大，既不能按照普通教育教师职业发展的轨迹走，对职业教育教师的职业发展又没有特殊的政策，包括职称的结构比例、高级职称的数额、评价的标准等都没有体现职业教育特点。职业学校教师要评教授，也要用几大检索的论文来衡量，也要用专著来衡量，而他个人的技能、他对职业领域所产生的影响现在没有什么考核的办法，这不利于职业院校教师的成长，也不利于吸引高水平的教师在这个体系内任教。另外，"双师型"教师的培养

---

① 史枫：《人口调控背景下的首都职业教育：困难、机遇与策略》，《中国职业技术教育》2014年第24期。

是个理想化的目标,实践起来很难。在我们现行的人才管理体系下,在人生发展的路口上,一个人走向了一个方面,他就很难再回到其他的方面。做了工程师再来当教师不容易,当了教师再去当工人或技师也很不容易。如果真要培养"双师型"教师恐怕要在主观的工作上做努力,就是一部分大学毕业生毕业后就要到企业去经历一段时间的实践。以实践中的技术能力和职业素养作为他的考核结果,达到一定标准,再回来当职业教育教师。这是职业教育"双师型"教师培养的一条途径。要从企业引进有实践经验的师傅们当老师难度很大,这既有切身的利益问题,也有其能否承担理论教学任务的问题。如果把职业教育的教师放到企业去做一线的训练,由于已经过了接受职业训练的最佳年龄,未必能掌握符合标准的职业技能。

(2)经费投入问题。从生均教育经费拨款水平看,北京目前达到比较高的水平,在全国领先。但是拨款的结构还需要调整,用于买设备的经费很多,但在人员的培训、高技能人才的待遇上的经费不够。很多新设备利用率很低。学生对高精尖的设备只是一般性的认知,而没有真正地掌握。

(3)学校空间布局问题。目前首都职业学校分布很分散。从个体学校办学空间来看都是星星点点的,很少有成规模的职业学校。从布局上说,和产业的结合距离相对要远一点,应该进一步根据北京产业结构的调整来研究学校的空间布局问题,做到让职业学校和产业尽量地融合在一起。

二 首都职业教育改革和发展的新趋势

(一)首都职业教育传统生源的减少与释放活力成为首都职业教育的新趋势

首次进入职场之前,年龄段主要集中在18岁以下的传统学龄人口生源不断下降，并在较长时间内生源不足，招生已经由"买方市场"变为"卖方市场"，并将在相当长的一段时间内持续。从2006年到目前，北京中等职业教育招生规模稳定在7万人上下，最低6.08万，最高8.33万；在校生规模在2007年为最高，达到26.23万，然后快速下滑，2013年是20.86万。中职招生规模虽然表面上稳定在7万人左右，但由于户籍人口初中毕业生减少和普高热持续升温，中职招生中户籍学生数量迅速下降，京外生源逐步占到招生数的一半以上。在北京，成人中专以京外生源为主。北京高等职业教育自2006年以来年招生维持在4万人左右，最多达到4.46万，最低3.77万；在校生规模2007年达到最高（13.06万），然后持续下降，2012年最低，为10.81万人。[①]

  2014年及未来几年北京市职业教育面临的招生情况以及生源变化情况。2014年北京市中职学校从招生总数上看，实际共招生15692人，比2013年减少2011人（11月底，学籍注册工作完成后，预计招生数将接近2万人。多出的4000人，来自部分有全国招生计划的中专学校）。从分布上看，中专5369人、职高4555人、技校2739人、高职3029人（"3+2"模式中的"3"部分）；从生源结构上看，提招和统招15181人，随迁子女511人；从改革试点看，综合高中录取753人，"3+2"模式实验班录取1975人，首铁卫8年制护理专业录取70人；从完成计划情况看，中专、职高、高职、技校的完成率分别为49.75%、57.89%、65.63%、38.14%，综合完成率为51.52%，职高和高职完成率相对较高些，这与职高有综合高中试点、高职有"3+2"模式试点对初中毕业生有一定吸引力有关。未来几年的生源变化情况：从2014年到2022年的近10年间，初中毕业生的数量呈现一个"U"形变化图，2014—2018年呈现递减趋势，

[①] 数据来源于北京市教委发展规划处《2013—2014学年度北京市教育事业统计资料》。

2018年到谷底，因此近几年首都职业教育不可回避地还将面对一个低生源的困境。此后呈现上升趋势，2022年到顶峰。如果按照2014年的职普招生3∶7的比例来算未来几年招生数的话，大致也是一个"U"形变化趋势。①

首都职业教育规模扩张型粗放式发展时代已经彻底结束，首都职业教育必须要由追求规模、数量到追求内涵和品质。

（二）首都职业教育专业和专业布局的创新、调整和优化成为新趋势

与首都经济升级版相适应，职业教育的专业布局调整、优化，职业院校的专业提升、专业结构深度调整优化，产教深度融合，专业与新产业无缝对接或适度超前于产业发展，长期稳定的相对滞后的专业生态将被打破。根据城市职能的发展要求，应根据不同的行业发展与岗位需求，进行较为完备的系统设计，在不同的点上配备进出的体系，使得人才的需求与提供，能够成为融会贯通的体系。

（三）首都职业教育大力发展"社区学院"模式，建立多功能、综合化的办学体制，拓展属地服务与社区融合，开展社区化办学模式探索成为新趋势

当代经济发达国家都有发达的高职教育体系，而且与发达的社区教育相互依存。在社区教育中，越来越多的国家选择"社区学院"作为社区教育的主要实现形式。美国、英国、加拿大、澳大利亚等主要资本主义国家都具有完善的社区学院教育制度。"社区学院"模式具有以下一些优势：①办学不以营利为目的，主要是为社区所有成员服务，学费低但教育质量不低；②人们可以随时进入学院学习，在较短的时间里毕业工作，或者升入普通高等学校继续深造，或者工作之后再进入学院学习，渠道畅通，

---

① 数据来源于北京市教委发展规划处《2013—2014学年度北京市教育事业统计资料》。

符合终身教育理念；③对社区的教育需求有极强的反应能力，专业设置灵活多样，教育活动丰富多彩；④与企业合作广泛，学制短，见效快，学生动手能力强，深受企业欢迎；⑤承担着培养社区学习型组织、培育社区文化的任务，对区域经济和社会发展做出了重要贡献。上述诸多优点，正是社区学院得以生存并不断发展壮大的根本原因。

北京已经跨入实质意义上的"社区建设的时代"，代表终身教育方向的社区教育时代也已经悄然来临。因此，改革传统教育制度，开创社区教育的新时代已是必然选择的现实。但是，从目前北京社区教育的建设实践来看，还缺乏有力的改革举动和推进措施。加快建立现代职业教育体系，无疑可以牵动社区教育的改革。发达国家和地区的经验表明，社会服务功能的加强是高职教育发展的重要趋势。我国当前高职院校还在继续以正式学历教育和函授、夜校等成人学历教育为主体办学，面向社区的培训和教育还是其短板。这不仅给高职教育带来了"文凭工厂"的诟病，而且制约了学校的进一步发展。在这个层面上，更加显示出发展"社区学院"模式的意义。

发展"社区学院"模式，建立融就业教育、转学教育、培训教育等功能为一体的综合化办学模式，主要途径是：①充分发挥高职院校的职业培训和继续教育的作用，构建职业培训和继续教育完整、统一的体系；②根据企业和社区的需求，开拓职业培训市场，主动面向行业和企业开展技术和管理人员的在职培训，在职职工、转岗职工的知识更新和技能提高培训以及下岗失业人员的再就业培训；③跟踪新知识和新技术的发展，增强职业教育的吸引力，为社会提供人文素质、职业资格培训和知识更新培训。①

---

① 刘洪一等：《高等职业教育创新发展模式研究——以东部地区为例》，商务印书馆2012年版，第435页。

随着经济社会发展水平的提高，北京市的义务教育有延伸至高中阶段的倾向，高等教育大众化正在走向普及化。同时，终身教育的需要也对高职教育的综合化提出了要求。高职教育本质上是一种大众化、普及化的高等教育，而目前北京等中心城市高职院校主要承担的是学历教育的职能，以普及化、综合化为特征的社区学院型的高职院校还有很大的发展空间。

（四）首都职业教育京津冀协同合作发展与国际化成为发展的新趋势

首都职业教育由封闭走向开放，向全社会开放，实施京津冀协同合作发展。对国外境外开放，与国外职业教育实现更多交流与对接，培养国际化职业人才，教育教学标准、教育资源实现国际化。借鉴韩国、我国台湾和香港地区职业教育转型升级管理经验，引进境外教师在京长期执教，探索学生直接升入境外高一级职业院校的模式。

（五）信息技术催生的教育革命对职业教育产生深刻影响，形成高职教育信息化、平台化、在线化、碎片化等新趋势

北京作为全国的科技创新中心，科技发展水平和信息化水平都在全国处于领先位置。信息革命带来的一系列教育教学的改革和创新都在首都教育中得到了淋漓尽致的体现。首都职业教育应设立职业院校信息化建设专项计划，重点建设数字化教学空间和校园生活一体化平台，丰富师生交流沟通渠道，改进教师育人教学方式；开发一批职业教育网络课程，开放网上虚拟仿真实训中心，面向大中小学生、外来务工人员及普通市民开展职业教育培训。

（六）首都职业教育经费投入体制中将生均拨款机制与成本单元拨款、产出拨款机制有机地结合起来，构建综合考量的拨款机制，也将是首都职业教育发展的新趋势

目前世界各国职业教育基本经费拨款模式可概括为生均拨

款、成本单元拨款和产出拨款三大类。生均拨款在教育财政中使用最为广泛。虽然学校的主要目标是培养学生,但是职业教育机构的成本发生很多与学生数并没有直接关系。在成本单元拨款模式下,除了学生以外,教师、实习实训设备、校园建筑面积等成本发生单元会被直接纳入拨款依据。产出拨款尤其常见于继续职业教育或针对特定人群的职业教育项目。一般情况下,产出因素不会是唯一的拨款依据,通常还会包含成本因素。生均拨款是最常见的拨款机制,简单易行,能够激励学校之间竞争,但是这一机制并不适用于生源剧烈变动、教育创新活动频发的职业教育体系。成本单元拨款对于成本因素有点"应保则保"的味道,对学校之间的竞争激励可能不强,但是只要设计合理,能够对创新性的职业教育活动产生较好的激励效果。产出拨款能对被列为产出指标的教育目标提供直接的激励,特别适用于非学历教育拨款,能够激励职业院校提供灵活的培训服务,并降低管理成本增强问责;但是产出指标的选择需要十分谨慎,选择不当会给职业院校带来扭曲的激励效果。

  目前,在高职教育中,生均定额拨款已经成为一种普遍采用的财政拨款机制。通过生均拨款,在近年公共财政对高等职业教育的大力支持下,大多数高职院校的"生存"问题基本得到了保障。而高职院校教育质量的提升和院校特色发展很大程度上依赖专项经费。从各地高职教育经费的结构来看,专项经费的比重较高且使用困难,导致学校发展的自主权受到很大的限制。北京应率先在建立生均拨款机制、保障最低经费需求的基础上,积极探索更符合本地需求的职业教育拨款机制,并探索实施对职业院校开展非学历教育和职业培训给予的经费支持,以经费投入角度引导职业院校的转型发展。

（七）积极探索实施具有首都特色的现代学徒制，传承和积累首都传统技艺和现代技术技能，将是首都建设现代职业教育体系、深化职业教育发展内涵的新趋势

建立现代学徒制是职业教育主动服务当前经济社会发展要求，推动职业教育体系和劳动就业体系互动发展，打通和拓宽技术技能人才培养和成长通道，推进现代职业教育体系建设的战略选择；是深化产教融合、校企合作，推进工学结合、知行合一的有效途径；是全面实施素质教育，把提高职业技能和培养职业精神高度融合，培养学生社会责任感、创新精神、实践能力的重要举措。现代学徒制有利于促进行业、企业参与职业教育人才培养全过程，实现专业设置与产业需求对接、课程内容与职业标准对接、教学过程与生产过程对接、毕业证书与职业资格证书对接、职业教育与终身学习对接，提高人才培养质量和针对性。现代学徒制是当今世界培养技术技能人才的重要模式，已成为世界大多数国家职业教育发展的战略重点。

首都作为文化中心和科技创新中心，作为有着800多年建都历史的文化名城，拥有丰富的非物质文化遗产和传统技艺以及现代高科技技能。这些文化遗产和技艺的传承发扬，需要现代职业教育体系的构建，更需要通过现代学徒制，培养能够传承北京文化和北京技艺的高素质技术技能人才。

（八）实质性推动首都职业教育集团化发展，积极提升首都职业教育的聚集效应，也是首都职业教育发展的新趋势

职业教育集团是以一个或若干个发展较好的职教组织为核心，以专业建设、人才培养、科技研发或某种资产为主要联结纽带，以集团章程为共同行为规范的区域、行业职业教育联合体。长期的实践和经验表明，集团化办学符合我国职业教育的发展规律，是职业教育在管理体制、运行机制和教学模式的改革和创

新，体现了我国职业教育发展的特色和办学特点。职业教育集团化办学是政府主导、行业指导、企业参与、学校主办的职业教育办学体制的重要实现形式，是优化职业教育布局、促进优质资源共享、提高办学效益、深化办学体制改革的最佳途径之一，是一种中国经济转型期出现的新型的职业教育组织变革，是当前职业教育统筹发展，解决资源优化配置，逐渐进入规模化阶段与其经济发展方式转变和产业结构调整要求相适应的一种战略发展模式。职教集团的组建和运作，有利于促进职业教育办学模式的改革，实现职业教育与市场需求和企业的对接，从根本上促进"产教融合、校企合作"的开展，从而适应职业教育培养高素质技能型人才的本质要求。职业教育集团化发展的主要目标在于通过校企合作、校际合作的载体来实现以技术、技能型人才合作培养为中心工作的一系列产学研结合活动。职业教育集团化办学以利益链、产业链、教学链"三链融合"为主线，深入推进产教对接、校企合作、工学结合，从而拓展职教资源，优化职教模式，共享职教成果，实现集团内各主体的资源共享、优势互补、共同发展。职业教育集团化办学，对推进政校分开、管办分离，构建政府、学校、社会之间的新型关系，落实和扩大学校办学自主权等方面发挥重要作用，是促进职业教育规模扩大和办学质量提高、提升职业教育服务经济社会能力的必然选择。

第三节　首都职业教育新趋势下的改革发展新策略

一　宏观战略规划层面策略

解放思想，拓宽视野，以大教育观、大职教观、大资源观来推进职业教育改革，提升首都职业教育水平。必须跳出传统的在职业教育的小圈子里办职业教育的思维定式，要扩展视野，以大教育观、大资源观来办职业教育。也就是说，凡是有利于职业教育发展的资源和因素都可加以利用。

（一）职业教育体系衔接要从整体上进行设计

针对人才培养的目标设定，需要对职业教育进行有力提升，尤其是培养的重心上移。职业教育体系建构进行重心高移，将高职部分专业与本科衔接，中职部分转为普通高中，试点新的办学模式。在政策允许范围内，打造人才成长立交桥，建立基于学位的立交桥体系，促使各种教育形式能够灵活衔接。打通技术本科、应用性研究生的不同阶段，将这些教育形式紧密联系起来。在条件允许范围内，在部分专业制定并实施资格框架制度，建立比较规范的认证资格框架，提高专业认可度与知名度。在职业教育的学历与学位认证上，可以做到更加开放，建立具有自身特点的学历与学位的认证与授予制度。职业教育要有自己特点的学历认证制度和学位的授予制度，不完全沿袭学术型、理论型教育的方式。

将职业教育的培养体系与学位体系结合起来，创造性地提升职业教育的重心，改变原有注重学术型与理论型教育的做法，突出职业教育的人才培养特征。在具体改变上，将高中阶段、大学阶段的职业教育统筹起来，由不同学校按照具体的任务分工，对人才进行针对性培养。改变以往将不同阶段教育进行分割的做法，需要解决专业素养统一培养的问题，将上一阶段的学习内容与下一阶段相互结合，提高人才培养的效率，打通各阶段的藩篱。

职业人才的培养规格。根据京津冀产业布局调整，将来北京职业教育人才培养要重心上移。属于一线劳动者的训练或者一般性、常识性的培训尽可能不做，交给河北、天津等周边城市去做。北京做中等以上的职业人才的培养，逐步向高级、技师这个层次提升。今后区域分工肯定会更明显，一般性的加工产业，包括物流、大型批发市场等都要向北京以外分散，这样北京对这类人才的需求就会减弱。北京如果还需要一些操作性的人员，可以通过周边城市的培训，或者把培训力量伸出去在外边进行培训、北京用。北京应立足于更高一层的培养。这是战略发展定位问题。北京产业需要高素质人才，上面讲的几个要素是高素质人才的基本内涵，不是简单的技能好坏，还有文化认同、行业认同的问题。

（二）以法治观念和治理理念来发展首都职业教育

党的十八届三中全会做出了全面深化改革的决定；十八届四中全会又提出，全面推进依法治国，强调要坚持立法先行，做到重大改革于法有据。深化职业教育改革，必须推动依法治教、依法治校。为此，要主动适应改革要求，进一步完善法律法规，发挥好制度对职业教育的引领、推动、规范和保障作用，提升职业教育管理水平，实现持续稳定发展。推动职业教育发展的一个重要方面是对其进行有效管理，通过建立科学的治理体系，发展出高效的管理机制，提高职业教育发展的效率。目前对职业教育的管理现状，政府部门与职业教育机构之间的关系，没有得到很好的协调与理清，呈现出条块化分割，管理起来政出多门，很难进行高效的管理。首先，要改革管理体制，进行管理体制上的创新。改变以往的做法，召开职业教育联席会议，对职业教育部门进行有效协调，统一发展职业教育的步伐。在整个职业教育发展格局中，形成一种政府部门之间统力协作的局面，对于职业教育发展所面临的问题与瓶颈，进行针对性的解决与发展。其次，打造适应职业教育发展的治理模式，针对不同利益群体、不同区域，应建立由政府部门、行业组织以及民间团体等参加的跨部门综合性管理机构，实行办学"管理与评价职能分立的管理机制，变政府多部门分散管理为政府主导"社会参与的综合管理。再次，改革对学校的评价。目前的评价标准对职业学校发展缺乏激励。职业院校办得再好，其社会声望也不会很高。高职院校总是在和本科院校比较，在学科评价上总也赶不上本科院校。这是对职业教育的一种很不利的政策。应该为职业学校的发展设计一套评级指标体系，简明扼要体现职业院校的特点。最后，各个职业学校要建立各个学校的章程，以章程确定学校发展的目标和路径，科学有效地进行决策和发展。

（三）学历职业教育精品化发展①

未来 5—10 年，北京学历职业教育的在校生规模，包括中职、高职在内，预计在 20 万人左右，中高职年招生都在 3 万人上下。规模降低了，要更多在质量、特色上做文章、下功夫，发展精品职业教育。精品职业教育需要较高的生均经费投入、优越的实习实训条件和高素质的师资力量。在规模缩减后，首都职业教育将逐步具备这些条件，比如生师比降低到 12∶1 乃至 10∶1 以下，班额控制在 20 人乃至 15 人以下。发达国家的职业教育，比如德国、英国早已实行小班化教学。北京人均 GDP 已经达到 1 万多美元，达到了富裕国家水平，完全可以学习发达国家，在职业教育领域实施小班化教学。小班化教学有利于提升职业教育人才培养质量，有利于重塑职业教育形象，提升职业教育吸引力。

（四）深度整合首都职业教育资源，中高职教育一体化办学

大力整合职业教育资源，提升中等职业学校办学水平。优化中等职业教育布局结构，推动核心区中等职业学校向城市发展新区及北京周边地区转移。北京有必要对职业教育资源进行深度整

---

① 史枫：《人口调控背景下的首都职业教育：困难、机遇与策略》，《中国职业技术教育》2014 年第 24 期。

合。首先，应跨体制合并一批中等职业学校，将中职学校数减少一半左右。每个区县职业高中力争保留1所，至多2所；中等专业学校、技工学校、职业高中和成人中专四类学校分属不同的管理部门和隶属关系，应打破体制割裂，实现跨部门、跨体制合并。其次，适应职业教育重心上移的发展趋势，实行中等、高等职业学校的跨层次整合，推动中等职业学校、高等职业学校、成人高校及本科院校资源整合，实施中高职一体化办学。中高职一体化包括形态的一体化和机制的一体化。形态的一体化是指适当淡化中等、高等职业教育的层次界限，将二者放在一个盘子里规划安排，中高职在招生、专业、课程与教学安排的一定或全部环节一体化。具体表现就是加强中高等职业学校在办学上的联系与合作，同时发展一批综合举办中等、高等职业教育的职业学院。机制的一体化就是改变中等、高等职业教育的割裂状态，将二者发展为密切联系顺畅对接的两个层次。

中高职一体化发展是首都职业教育的战略选择，北京已经到了淡化层次、着力统筹发展职业教育的关口。中高职一体化与首都整体教育发展的阶段水平相适应，有利于首都终身职业教育体系的建立，有利于应对首都职业教育尤其是中职教育面临的现实困难。北京中高职一体化发展可以多种形式呈现：在一所职业院校中既办有中职，也办有高职；通过职教集团，在集团内部既有中职也有高职；举办五年一贯制职业教育；等等。当前，北京中等和高等职业教育在专业、课程与教材体系、教学与考试评价等方面仍然存在脱节、断层或重复现象，职业教育整体吸引力不强，与加强技能型人才系统培养的要求尚有较大差距。北京中等和高等职业教育的协调发展，关键即在于高职如何引领和带动中职，中高职如何捆绑式发展，如何一体化发展。

中等职业教育未来发展恐怕分化和整合是不可避免的。三类学校要进一步分化。区县职业高中绝大多数初级职业人才培养的任务已经完成,有一部分要转成社区教育服务机构,有的可以与普通教育融合在一起。现在最困难的是职业高中,社会知名度高、规模比较大的职业高中不多。中专与技校要和高职的资源融通,组成不同形式的集团或联盟,甚至是一体化学校。技工教育比较复杂。技校也应当随产业调整重新定位。现在一般是操作工人的训练,如果这些产业迁出去了,技校要做什么需要研究。可以举办技师学院,但规模不会太大。技师学院不应是应届生的培养,应届生在学校培养几年就达到技师水平也不现实。可以研究一体校的办学模式,即一个法人模式、多法人模式、理事会模式等。

(五)加快职教集团化发展

北京现有的八个职业教育集团在实际运作中虽然也遇到一些困难和问题,但职业教育集团化发展对区域性、行业性职业教育资源整合的促进不容置疑,也有利于提升首都职业教育的聚集效应,应进一步加快发展。将来北京职业人才培养,应该是形成若干个集团学校或一体化的学校,人才培养结构应该是橄榄形的,即"两头小,中间大"。中等教育和本科以上教育小,大批是中间的。目前建立的几个职教集团显示出资源整合融通的不多。推动职业教育集团化发展,促进产教有机融合。加快建设一批服务新兴产业和主导产业的职业教育集团,支持发展若干品牌化和中高职衔接的民办职业教育集团,鼓励行业特色鲜明的普通高校参与或牵头组建职业教育集团,鼓励在京央企、市属企业和行业龙头企业牵头组建职业教育集团,鼓励在京跨国企业或境外职业类院校参与职业教育集团。探索建立以产业为纽带的京津冀职业教育集团。逐步扩大各类职业院校参与率。健全职教集团董事会、理事会等治理结构和决策机制。以政府授权委托、购买服务、项目支持等方式，推动职业教育集团在人才需求调查、专业设置、课程开发、专业教师培训、兼职教师选聘、实训基地建设、人才培养等方面发挥更大作用。

（六）加快推进现代学徒制

首都职业教育视野下的现代学徒制可以分三个层次推进：一是大师级的，主要定点培养传承北京丰富的传统技艺和非物质文化遗产；二是专业性的能工巧匠，少量培养高技能技术标兵；三是普通专业的学徒制，引入学徒制理念，批量培养技术技能人才。

政府可以在两个方面推动学徒制：一是完善政府的投入机制。要破除不同院校生均拨款的藩篱，政府购买服务应当是今后加强公共服务的重要形式，应该在政府购买培训服务基础上尝试政府购买学徒服务，从而优化职业教育投入结构。二是发挥现代学徒制的公共教育功能。将现代学徒制的教学资源转化为培训资源，应用到大中小企业的培训项目中，也可以拓展到政府公共培训体系，切实利用好现代学徒制实现教育资源的整合。

职业院校推进现代学徒制可以从以下几方面进行：一要选准领域，如技艺传承领域等。二要选准师傅，寻找行业里最有影响、代表最高标准、掌握先进技术的能工巧匠。三要做好载体，利用校企深度互动，搭建具备"大师、老师、学生、项目、课题"等五大要素的大师工作室、企业工程师工作坊等载体。四要有配套政策，对特殊人物、发挥特殊作用的教师在职称评定、薪酬待遇等方面实行不同制度、不同标准。

（七）建立职业教育服务终身学习机制

首都正在致力于创建学习型城市，终身化、全民化是首都职业教育的重要发展趋向。依托现有区域内职工大学（社区学院）或高等职业学院、开放大学分校、中等职业学校、社区教育中心、成人教育中心等教育机构,建立一批具有独立法人地位和中、高等学历办学资质及各类教育培训等功能的新型社区学院,举办面向农民、农村转移劳动力、社区居民、在职职工、转岗人员、失业人员、残疾人、退役士兵等社会各类群体的学历教育班,专业技术、技能和社会文化生活培训班。支持行业企业依托企业大学、特色学院以服务产业链为目标,开展职工培训、教学实训、接收学校教师实践培训。建立学分积累与转换制度,推进不同类型学习成果互认、衔接,探索对非学历职业培训通过质量认证体系、学分积累和转换制度、学分银行和职业资格考试等机制进行学历认证,畅通一线劳动者和社会人员继续学习深造的路径,为市民终身学习和首都学习型城市建设提供保障。

二 职业教育执行层面的策略

在执行层面要办好职业教育,首先要提升职业教育的吸引力。当前职业教育对学生的吸引力很弱,需要通过发挥高校、企业、优质高中乃至国外高水平院校的资源优势,把职业教育的吸引力抬升起来。

(一) 抓好优质办学品牌建设

办企业要重品牌,办教育也要有品牌意识。职业教育发展这么多年,形成和积累了一些好的办学品牌,比如"工学结合、校企合作""顶岗实习""订单培养""双证书"制度等人才培养模式,对于促进校企合作、理实结合、拉近教学与企业实际岗位需求之间的距离都产生了很好的效果。通过举办职业院校技能大赛、教师信息化教学大赛,为师生交流技艺、成长成才搭建平台,为优秀拔尖技术技能人才脱颖而出创造了机会和条件。积极推进课程改革,探索以工作过程为导向的课程开发模式,校企合作共同开发职教课程,确立标准,合作教学,形成了具有首都特色、职教特点的中等职业教育课程体系和实施、管理、评价方法，有效地提高了技术技能型人才的培养质量。

要在继续抓好已有办学品牌的基础上，大胆探索，勇于创新，继续推出一系列首都职业教育的新品牌。要善于研究，敢于实践，力争在搭建人才培养立交桥、推进办学体制机制改革、综合高中改革、现代学徒制试点、职业精神和职业素养教育、集团化办学、信息化教学、精品课程开发、职业教育国际化等方面取得新的突破与创新，打造一批与首都现代职业教育体系相匹配的新的办学品牌。

（二）抓好特色精品专业建设

办好职业教育，专业建设是关键。要抓紧调整优化专业布局，提升服务产业转型升级的能力。为适应首都功能疏解和经济转型的新要求，北京要实施"五个一批"专业布局调整计划，即针对淘汰退出产业，撤并一批供给过剩、重复设置的专业；针对调整转型产业，改造升级一批传统优势专业；针对疏解转移产业，与产业承接地合作办好一批品牌专业；针对"高精尖"产业，优先发展一批新兴专业；针对城市管理、社会建设需求，重点加强一批紧缺人才专业建设。适应产业提质增效升级需要，着力打造一批精品特色专业，为"北京产品""北京设计""北京服务"提供技术技能人才支撑。运用专业目录负面清单、新专业备案制度、招生计划、学费标准、专项资金、专业人才培养水平评估等手段，建立产业结构调整驱动专业设置调整的机制。建立专业设置信息发布平台和动态调整预警机制。目前职业院校有特色的专业不是特别多，泛化的专业比较多。现抓几个有行业特色的职业人才培养方案试一试。全面推开目前条件还不具备，一体化设计，合作培养。可以由教育主管部门与行业合作，一个一个推进，将是未来推动北京职教发展的一个模式。要抓住机遇比如，新机场要建设，北京在固安有一个校区，可以依托这个校区组建一个为新机场服务的职业学校，或者是改造现有的职业学校。这所学校就是面向新机场的需要培养人才。这个内涵丰富多了，而且目标也明确。目标明确后，政府自然会重视。

（三）深化职业教育课程改革

现有的职业教育强调了能力训练，但是这种能力训练是带有几分无奈的。因为现在职业教育对象的文化素养比较低，讲过多的文化课，他听不懂，也只能以能力训练形象化、表面化的教育来吸引他。如果按照这种模式去培养，学生的文化认同和职业认同很难提高。如何在课程的设计上做些改革，把文化教育、职业素养培养和技术能力的培训更好地融合在一起？在一节课里面能够实现几个教学目标？职业院校与本科院校的课程衔接让学校自发去做很难。因为各自的利益诉求不同，让本科院校与高职院校合作办本科班，本科院校先要想这件事的好处是什么，没有想对社会有什么好处。让高职学校把优秀学生都送到本科院校学习，高职院校也会有问题。这种模式政府部门要设计。要设计出一个模式来，让职业人才递进式地向前走，学生可以在不同的学校学习，课程是统一设计的，不要重复学习，要总体设计这个体系。总体设计之后，才是分任务。可以选几个典型的行业或职业做点具体分析，做一个框架性的设计。

适应经济发展、产业升级和技术进步需要，建立行业企业与职业院校合作开发专业课程的机制，推进与职业岗位相适应，教学标准与职业资格标准、教学内容与工作任务、教学过程与工作过程相对接，理论与实践一体化的职业教育课程体系改革。推广项目教学、任务教学、案例教学等教学模式。建设一批与生产、服务、管理真实应用紧密结合的精品课程。评选一批优秀的中高职衔接课程案例，推进中等和高等职业教育在培养目标、专业设置、教学内容、教学过程等方面的衔接，形成对接紧密、特色鲜明、动态调整的职业教育课程体系。

（四）抓好职校学生素质教育

职业教育不仅要教学生技能，还要加强文化基础、人文素养和职业素养的培养，也就是要坚持立德树人，促进学生全面发展。要进行课程体系的全面升级，强化学生应用写作能力和专业理论基础。要加强中华优秀传统文化教育，把中华优秀传统文化教育系统融入课程和教材体系，在相关课程中增加中华优秀传统文化内容比重。要推动产业文化进教育，企业文化进校园，职业文化进课堂，将生态环保、绿色节能、清洁生产、循环经济等理念融入教育过程，开展系列校园文化活动，支持职业学校与企业联合开展多种形式的文化实践活动。要切实加强职业道德教育，强化职业精神培养，开展优秀职业人才进校园活动，培养具有现代职业理念和良好职业操守的高素质人才。要树立"以学生为本"的育人理念和管理理念，强化教师育人责任，切实提高教师育人能力。通过实行导师制，设立学生服务中心等，为学生的健康成长提供教育、管理、指导和服务，提高学生就业、创业和终身学习能力。要充分发挥学生社团组织的作用，激发学生的主动性和创造性，发挥学生特长，挖掘学生潜质，激励和引导学生自我管理和全面发展。

抓好职业学校素质教育是一项系统工程，为促进各院校开展素质教育，北京市教委正在制定《关于实施中职学生职业素养提升工程的意见》，从技术技能、道德修养、身体素质、科学素质、社会实践活动等方面重点培养和提升学生职业素养。重点推出十项举措：一是加强中职德育基础能力建设，建立北京市职业院校培育和践行社会主义核心价值观实践教育基地；二是加强德育品牌建设，开展中职德育"一校一品"评选活动；三是加强职业技能教育，成立中职学校技术技能俱乐部；四是加强体育文化建设，开展全市中职学校校际体育联赛；五是加强文化艺术教育，开展中职学生文艺会演活动；六是加强社会实践教育，开展中职学生志愿服务活动；七是加强校园文化建设，开展中职学校"品牌设计"大赛；八是加强职业精神教育，举办"寻找身边的技艺达人"摄影摄像作品大赛；九是加强职业礼仪教育，举办中职学生职业礼仪大赛；十是加强职业理想教育，举办中职学生职业生涯设计和就业创业大赛。

（五）落实好高端技术技能人才培养计划

这项改革计划是对接首都经济社会发展和产业转型升级需求，针对技能型人才培养数量不足、水平不高的问题提出来的。其主要着力点是改革现有的职业教育体系，整合首都各级各类教育资源，贯通职业教育与普通教育，加强职业教育对外交流合作，大力培养高水平技术技能人才。它由四个分项计划组成，即"双培计划""外培计划""训培计划"和"高培计划"。

双培计划，即职业院校与在京本科院校合作培养技术技能人才，总体规模为每学年6000名。高职与普通本科院校采取"3+2"模式培养3000名，中职与普通高校采取"3+2+2"模式培养3000名。重点选择学前教育、护理、老年服务与管理、城市轨道运输、楼宇智能化工程技术等专业类进行试点。对进入"双培计划"的学生，由担负培养任务的职业院校与普通本科院校共同制订培养方案，充分利用首都高等教育优质资源，提升学生思想文化和专业知识综合素养，着力培养学生专业技术技能及可持续发展能力。这就像一辆行驶在立交桥上的大巴，学生到站可以下车，也可以继续前进。能够完成培养方案要求的学生，可以获得参与合作的本科院校颁授的本科毕业证书，符合学位授予条件的，还可以获得相关专业的学士学位。

外培计划，即职业院校与国外应用技术大学合作培养技术技能人才，规模为每学年500名。重点选择酒店服务与管理类、现代物流、文化创意、节能环保等专业进行试点。这类学生应是学习成绩优良、外语基础扎实、专业认同感强的学生，学习期间可以到职业教育发达国家和地区的应用技术大学进行1—2年的国外学习。职业院校与国外应用技术大学建立"一对一"紧密合作关系，联合相关企业共同制订培养计划，充分借鉴引进国外先进的教育理念、人才培养模式和专业标准和课程资源，全面提升职业人才的国际化水平。

训培计划，即职业院校与在京大型企事业单位、跨国公司合作培养技术技能人才，规模为每学年5000名。重点选择物联网技术、生物医药技术、汽车制造、机电一体化技术、数控技术等专业进行试点。由职业院校与在京央企、大型企事业单位、跨国公司合作开展"订单式"专业课程学习和实习培训。校企双方共同制订培养方案、课程计划，共建实训基地，通过购买服务等方式，企业提供高水平兼职教师指导、企业实习实践岗位。进一步强化学生融尖职业技能、高尚职业道德和执着职业精神为一体的职业素养，进一步提高学生的就业质量。

高培计划，即市属高校与行业、企业合作培养专业学位研究生，规模为每学年500名。重点选择社会工作、健康管理等专业领域，招收应届或往届普通高校毕业生500名实施首都高校与行业、企业合作培养专业学位研究生计划。进入"高培计划"的学生由担负培养任务的市属高校与合作企业共同制订培养方案，共同组织实施，强化实践应用环节培养，着力提升高水平应用技术人才培养质量。完成高培计划要求的学生，可以获得由参与合作的高等学校颁授的专业研究生学位。

第二章

高职院校社区化办学创建
社区学院的理论基础

第一节 高职院校和社区学院等主要概念的内涵

一 高职教育与高职院校的内涵

（一）高职教育的内涵

高职教育是高等职业技术教育的简称，是指完成高中阶段教育和中职教育的基础上，为适应生产、建设、管理与服务一线的某种职业、岗位、技术业务的需要而进行的高等知识、技能和态度的教育。高职教育是高等教育的重要组成部分，它既是高等教育的一个重要类型，又是职业教育的高级层次。按照联合国教科文组织2011年公布的《国际教育标准分类法》，高等职业教育属于5级教育：其"课程内容是面向实际的，是分具体职业的，主要目的是让学生获得从事某个职业或行业或某类职业或行业所需的实际技能和知识。完成这一级学业的学生，一般具备进入劳动力市场的能力与资格"。也就是说，高等职业教育和普通高等教育的区别，一是它的培养定位是面向一定的具体职业，二是它的教学定位是传授实际知识和技能。2011年《教育部关于推进高等职业教育改革创新、引领职业教育科学发展的若干意见》（教职成〔2011〕12号）认为："高等职业教育具有高等教育和职业教育双重属性，以培养生产、建设、服务、管理一线的高端技术技能人才为主要任务。"

(二) 高职院校的内涵

高职院校是高等职业技术教育机构的简称，在中国，通常称其为××职业技术学院或××职业学院。它是在完成中等教育的基础上培养出一批既有大学知识，又有较强专业技术和技能的人才，其知识的讲授是以够用为度、实用为本。我国高等职业学校只有一类：职业技术学院或职业学院。它是中国高等院校的一级学院，等同于高等专科学校；并逐渐取代高等专科学校；以高等职业教育为主要内容，在大学录取顺序中为统招的第三、第四批，也是"三校生"（职业高中、中等专业学校、技工学校）单考单招的录取院校。它在中国社会的主流意识中，仍然与原高等教育的专科层次的学科教育并称为"高职高专"。

首先，高职院校与专科层次的学科教育不是一个类型，二者的本质区别是：一个是职业教育，一个是学科教育。其次，另一个误区是，职业教育与技术教育本身，又不是一个层次的教育。在国外，职业教育是指培养一般熟练工人或者半熟练工人的教育和培训；高一层次的职业教育，通常称为技术教育，以培养一般的技术人员为目标；再高层次的职业教育是以培养高级工程师或高级专业技术人员为目标的专业教育。这三个不同的培养层次，分别与我国的工人、技术员与工程师相对应，与日本、我国台湾等地区某职业领域中的工、士、师相对应。因为上述两个专业上的误区，使得我国大众认为：我国大专层次的高等教育消失了，现在的专科就是高职教育，高职其实就是专科教育。职业教育是个统称，它既包括技术教育也包括技术培训，既包括职业教育也包括职业培训。因此，中国的职业技术教育既包括专科层次的职业教育，又包括本科和研究生层次的职业教育。

二 社区教育等相关概念

（一）社区概念的界定

"社区"这一词语最早是由德国社会学家斐迪南·滕尼斯于1887年在其所著的《社区与社会》一书中提出的。1933年我国著名社会学家费孝通先生将"community"译成"社区"一词引入中国。对于社区的概念，各专家、学者说法不一。美籍华裔社会学家杨庆堃于1981年对"社区"的概念进行了统计，发现有关"社区"的定义达140多种。本书认为，最具有代表性的概念有以下几种：美国社会学家戴维·波普在《社会学》一书中指出，社区是"在一个地理区域里围绕着日常交往方式组织起来的一群人"。日本社会学家横山宁夫在其所著的《社会学概论》一书中认为："社区具有一定的空间地区，它是一种综合性的生活共同体。"费孝通教授主编的《社会学概论》一书中指出："社区是若干社会群体（家族、氏族）或社会组织（机关、团体）聚集在某一地域里，形成的在生活上互相关联的大集体。"北京师范大学的吴亦明教授认为，"社区是指聚集在一定地域内的个人、群体和组织在社会互动的基础上，依据一定的社会文化规范结合而成的社会生活共同体。"[①] 华东理工大学徐永祥教授认为："社区是指一定数量居民组成的、具有内在互动关系和文化维系力的地域性的生活共同体。"[②] 华东师范大学叶忠海教授认为："社区指的是由聚居在特定地域内，具有某种互动关系、共同文化特质以及心理归属感的人群所组成的社会生活共同体。'特定的地域性'与'成员的一致性'是社区的两大支

---

① 吴亦明：《现代社区工作：一个专业社会工作的领域》，上海人民出版社2003年版，第44页。

② 徐永祥：《社区工作》，高等教育出版社2004年版，第8页。

柱。每一社区都有共同的活动空间以及特有的生态环境。更为重要的是，共同的社会关系、文化特质、发展目标、心理归属，把社区成员凝结成社会群体。"① 叶忠海教授对"社区"概念的表述包含人口、地域、生活服务设施、文化、认同心理和归属感、制度以及管理机构六个要素，体现了社区的社会本质这一属性。其基本含义如下。

第一，人口要素。一定数量规模的居民是社区存在和发展的前提条件。作为构成社区的主体，社区居民主要具有以下几个方面的特征：一是共同居住在一个地区，彼此之间紧密联系；二是存在共同的利益；三是拥有公共的服务；四是在社会、生活、心理等方面拥有共同的需求；五是面临许多共同的问题；六是对所居住的社区有一种心理上的认同感，具有共同的社区意识和社区归属感；七是拥有共同的生产关系、社会关系等。

第二，地域要素。地域是人们进行活动的地理空间。社区是一种地域性社会实体，自然形成的村落、居民点，行政划定的街道、行政村等都可以认为是社区。社区的地理位置、自然条件、生态环境等因素在很大程度上影响着社区的发展状况。

第三，完善的生活服务设施。社区应为居民提供比较完善的生活服务设施，如医院、学校、商业、物业等各种服务设施，以确保居民正常生活的进行。

第四，文化要素。不同的社区在自然地理环境、经济发展状况、文化传统等方面存在着差异，形成了不同的文化特色。这些文化成为社区得以存在和发展的重要精神要素。

第五，社区归属感。人们在特定的社区里共同生活，逐渐形成了共同的认同心理和归属感，为社区成员共同行动提供了心理基础。

第六，相应的制度和管理机构。社区的规范、有序运转需要相

---

① 叶忠海：《社区教育学研究》，同济大学出版社 2011 年版，第 18 页。

应的管理制度和管理机构来保障,这也是构成社区的重要契约因素。

(二) 社区教育概念的界定

1. 国外对社区教育内涵的界定。

一般认为,规范形态的现代社区教育以丹麦教育家柯隆威于1844年在罗亭创办的"民众学校"为起点。在此以后,国外对社区教育内涵的认识,主要有下列几种代表性看法。

一是社区教育即民众教育。柯隆威创办民众学校的出发点在于,通过建立一种新的教育形态使广大民众得到集中而有效的爱国主义教育,获取有用的知识与技能,从而提高民族素质,达到富民强国的目标。以后,在发展中国家,一般认为社区教育即民众教育。具体而言,通过教育的力量,使社区民众自觉地参与改善社区政治、经济、文化生活的过程。如前所述,20世纪50年代,联合国在全世界,特别是发展中国家倡导的"社区发展",就是以社区(民众)教育为基本途径和前提的。社区发展过程,也就是民众教育过程。1955年联合国发表的《通过社区发展实现社会进步》的文件,集中反映了上述观点。

二是社区教育即社会教育。这个观点在日本较为突出。1949年日本颁布的《社会教育法》,把社会教育定义为《学校教育法》所规定的学校教育活动之外、以社会全体成员为对象的有组织的教育活动。其中,又规定"公民馆"是实施教育的基地,"为市町村或某一特定地区的住民结合其实际生活进行教育、学术、文化方面的活动,以使住民提高教养、增强健康、陶冶情操、振兴生活和文化、充实社会福利"。可见,在日本社会教育与"社区教育"这一专业术语是非常接近的。社区教育即地域性的社会教育。

三是社区教育即非正规的社区教育服务。在美国,一般认为社区教育是为了整个社区各种年龄、各种职业,包括退休的、无业的所有社区成员所提供的非正规教育服务。这种教育服务，1976年美国的《联邦任务》列举了六个构成因素：①利用学校之类的公共设施；②参加者包括所有年龄、所有阶层、所有种族集团；③人们认识自己的需要和问题；④发展多种计划以适应这些需要；⑤社区内的各种机构和部门相互协作；⑥多方面的资金来源，包括公共的和私人的，地方、州和联邦各级的。

四是社区教育即学校教育的开放过程和结果。日本《世界教育事典》认为，社区教育的含义主要体现为：①学校教育的课程中加入有关社区生活和社区问题的内容，使学生对社区有所认识，培养社区意识，增强本土感情；②学校作为社区的教育文化中心要向社区的所有居民开放，并对其组织开展活动。可见，该事典认为学校是社区教育的主体，社区教育则是学校教育开放的必然。

五是社区教育即学校教育和其他社会事业的结合体。胡森主编的《国际教育大百科辞典》不仅指出"社区教育普遍地认为是一种将学校和大学当作向所有年龄层开放的教育娱乐中心的过程"，而且认为"它是义务教育与其他福利事业的结合体，是许多其他活动的协作，是具有社区教育特性的地方管理的逐渐进化"。对此，有一些日本学者也认为，社区教育是学校教育和社会教育的结合，是学校与地区社会的互相渗透和协作。

联合国教科文组织对社区教育的定义是："基于所有教育起始于社区，且不是以获取社区的利益为目标，而是以提高社区住民生活质量为目的的原理，因此，实现这一原理的活动即为社区教育。"处在不同历史阶段、不同地域空间的国家，对社区教育内涵的认识有着不同的理解，对其目标设置和内容的确定存在不同的侧重，对实施社区教育的形式和方法也有不同的选择。然而，从他们不同的理解中也可发现其共同点：①社区教育是一种促进终身教育理念的实践过程。②社区教育是社区居民终身学习的一种权利，他们不仅有学习的能力，也有教学的能力。③社区教育强调以国家整体发展为目标。④社区教育的目标是将社区视为整个社会改革中的一部分，由于新的理念和教育资源的投入，改善了社区生活，其最终目的则是整个国家社会利益的提升。⑤社区教育强调非正式和非正规的教育。⑥社区教育虽然不排除社区中学校的正规教育，但是它更看重学校正规教育以外的非正规教育，如进修补习教育、推广教育、课后活动等；对于社区教育环境构筑以形成有利于学习的氛围，或让社区居民在参与社区活动的过程中学习某些经验，得到非正式教育的机会。⑦社区教育强调以服务弱小族群或不利地区为主。⑧社区教育可视为一种社区活动，借由教育参与体系的革新，提高中下阶层的教育参与机会，以反传统由上层人士决定教育价值的参与方式。因此有学者认为社区教育本身即是一种教育的改革，甚至是一种政治的改革。⑨社区教育强调社区学校形式以及学校和社区资源的整合。⑩社区学校主要强调教育是终身的过程，社区中每一成员皆分担教育社区成员的任务，居民具有责任和权利以决定社区需求，确定社区资源，并且结合需求和资源，以改善其社区。

2. 国内对社区教育内涵的界定

自20世纪80年代中期我国兴起现代社区教育以来，我国社区教育的理论和实践工作者从不同角度和不同侧重点，探讨了社区教育的内涵。归纳起来，大致可分为下列几种。

一是视社区教育为教育范畴。有人认为社区教育是一种教育网络；又有人认为是教育体制；还有人认为是一种教育模式、教育形态、教育活动和过程。后者，可以我国著名的教育社会学专家、北京师范大学厉以贤教授和上海师范大学黄云龙教授为代表。厉以贤认为，"所谓社区教育，是提供社区全体成员素质和生活质量以及实现社区发展的一种社区性的教育活动过程。"①"现代社区教育是以社区学校（院）为主体（实体）的一种形式化、组织化的教育形态。"②则是黄云龙的观点。

二是视社区教育为组织管理范畴。其中，有人认为社区的教育是一种民间协调性教育管理组织形式、民间协调性教育管理机构；有人认为是"一种社会协调组织体制"；还有人认为是"教育社会一体化的组织体制"等。后者可以天津教育科学研究院梁春涛教授为代表。他于1993年主编《中国社区教育导论》一书时，对社区教育所做的理论界定是："社区教育是在一定地域内，在党和政府帮助、指导下，组织协调学校和社会各个方面，互相结合，双向服务，实现教育社会化和社会教育化，旨在提高全民素质，共建社会主义物质文明和精神文明，促进地区经济、社会和教育协调发展的教育社会一体化组织体制。"

三是叶忠海认为③："社区教育是指以社区为范围，以社区全体成员为对象，同社区民众利益和社区发展需要紧密相连，旨在建设和发展社区，消除社区的社会问题，全面提高社会成员的素质和生活质量的目的的教育综合体。"该界定明确了下列问题：①明确了社区教育有个特定的空间即社区，从而与社会教育区别开来。②明确了社区教育对象为社区全体成员，则又区别于成人教育和青少年校外教育。③明确了社区教育以社区及其人为本，同社区民众利益和社区发展紧密相连。④明确了社区教育目的在于建设和发展社区，消除社区的社会问题，全面提高社区成员的素质和生活质量。⑤明确了社区教育的性质，即社区性、综合性，是社区内各类教育活动有机结合的综合体。

---

① 厉以贤：《社区教育的理念》，《教育研究》1999年第3期。
② 黄云龙：《关于社区教育本质的思考》，《教育研究》1999年第7期。
③ 叶忠海：《社区教育学研究》，同济大学出版社2011年版，第21页。

四是 2006 年 12 月国家标准化管理委员会发布了《社区服务指南第 3 部分：文化、教育、体育服务》（中华人民共和国标准）。该国家标准对社区教育定义是："在社区中，开发、利用各种教育资源，以社区全体成员为对象，开展旨在提高成员的素质和生活质量，促进成员的全面发展和社区可持续发展的教育活动。"

三　社区学院的基本理论问题

（一）社区学院的基本内涵

关于社区学院，我国到目前为止还没有统一的定义。综合各地社区学院工作性质、特点、做法及一些学者研究的共识及今后社区学院的发展方向，笔者认为，社区学院系指政府主办的，满足社区政治、经济建设和社会发展需求的，以辖区内全体社会成员为主要对象，是融学历教育、非学历教育、社会文化生活教育为一体，具有区域性、综合性、职业性特点的一类新颖的教育机构的统称。其内涵主要体现在以下几个方面：

1. 社区学院是实现终身教育理念的主要载体

构建全民终身教育体系是现代社会发展的必然趋势，社区教育是其实现的主要载体。发展社区教育，构建全民终身教育体系，创建社区学院是关键。社区学院可以弥补普通国民教育体系的不足，通过开展各类非学历继续教育、职业教育和技能培训，努力提高区域内社会成员的就业和可持续发展能力，满足市民多样化、个性化的学习需求，提高居民文化生活质量和综合素质，最终实现全民终身教育体系与普通国民教育体系有机结合，建立合乎人全面发展需求的大教育体系，真正完成教育的终极目标，实现人的全面发展。

2. 社区学院将有利于人员素质提高和人文素养提升

区域社会的建设与发展离不开必要的物质基础，同样也离不开不可或缺的人文基础。没有社区全体成员整体素质和文明程度的提高，社区的建设与发展就不可能实现，社会的建设与发展就可能成为"无源之水，无本之木"。社区学院全方位的培训服务和开展各种各样的活动，可以为区域的所有成员提供教育服务，提升区域成员的整体素质和文明程度，为区域建设与发展打下必不可少的人文基础，建立起真正意义上的和谐社会。

3. 社区学院将有助于为区域全体成员发展提供便利的实现途径

立足区域、面向区域、服务区域，提高区域全体成员的素质、提高区域全体成员的生活质量是社区学院的根本宗旨，也是社区学院的立身之本。由于社区学院是一所综合性教育机构，能够整合区域内各类资源（教育和非教育），充分发挥区域内科技、文化、卫生、体育、经济等方方面面资源的教育功能。实施和实现各类教育（学历和非学历）的沟通和衔接，构建"教育立交桥"。尤其是信息技术的发展，可以更好、更多地为区域全体成员提供"菜单式"教育服务，实现"教育有渠道，学者有其教"，为区域全体成员发展提供最为便捷的通道。

4. 社区学院将有利于整合区域内社区学校资源和提升服务能力

区域内各乡镇（街道）、村（社区）建立的社区学校，主要是为乡镇（街道）、村（社区）的发展提供较为方便的教育服务。由于其处于基层，与外界的合作仅仅限于某些方面，无论是定位、内容，还是规模与形式，包括紧密程度都有一定的局限性，与社区学院有较大的差距。这种差距形成了一种可资利用的资源。由于同一地域的关系，为社区学院与区域内社区学校之间的联系提供了极大的方便：区域内社区学校可以依托社区学院来拓展自己的发展空间，提升自身为社区成员发展服务的层次；社区学院也可以利用区域中所处位置的优势，整合各"家"的资源，提高资源使用的层次，达到资源共建、共享、共用、共赢。

5. 社区学院会将利于社区教育的理念和实践不断丰富和完善

建设和谐的幸福社会，发展人的能力，提升人的素质，是社区教育矢志不渝的追求。社会的发展和进步，对社区教育提出的要求会越来越高，社区教育的理念也会随着社会的发展不断更新和丰富。社区学院是社区教育的重要载体，理应走在社会发展的前列，才能适应日新月异的形势。这就要求社区学院在为区域全体成员提供教育服务的同时，不断追踪教育发展和人的教育需求的最新变化，不断提升社区学院的定位标准，不断丰富社区学院内涵，以超前的发展满足区域内全体成员的需求。

（二）社区学院的性质、特点和宗旨

社区学院是社区教育发展的必然产物。推进社区学院建设，是适应首都区域经济建设和社会发展的需要；是满足广大社区居民日益增长的精神文化生活的需要；也是首都教育布局结构调整，重组、盘活、优化配置教育资源，创建学习型城市的必然需要。

社区学院是具有社区特征的新型教育机构，是教育事业中不可分割的重要组成部分。它是社区与教育互动结合、社区教育与高等教育互动结合的产物。社区学院与社区存在互动关系，社区学院的发展依赖于社区发展的需要和各方的支持；社区发展所提出的教育需求，又是两者互动的原动力所在。因此，社区学院要立足社区，依靠社区，服务于社区，促进社区和社区人的发展，这是社区学院存在和发展的出发点和归宿。相对于全日制普通学校而言，社区学院具有两大基本特点：①社区特殊性，即是指社区学院特别强调贴紧和贴实社区，努力为社区和社区人服务，从而使其有别于其他类型教育。具体来说，由于各社区的地理位置、自然条件、人文历史、经济发展水平，以及人员构成均不尽相同，因而要解决的社会问题也不相同，这就对社区学院提出了特殊的要求。②综合性，即是指社区学院是职前与职后、成教与普教、职教等各类教育的综合体，因而社区学院这种多功能、多层次、多形式教育的整合，使其区别于其他类型的教育机构。

（三）社区学院的定位和功能

社区学院的定位是实施高中后各类教育。其中，主要是非学历教育，也包括大学转学教育、高等学历教育等。基于目前首都北京区域经济和社会发展对高等职业教育的迅速增加，这一阶段，北京社区学院主要以实施职前、职后的高等职业教育为主体。作为首都北京社区学院的定位，主要是实施初中后各类教育，把教育准星紧紧瞄准社区和社区人发展所需要的各方面教育需求。

社区学院是社区教育的龙头和主要基地，具有多方面的功能。主要功能有：①教育服务功能。开展为社区和社区人服务的普通教育、职业教育、社会教育等，是普、职、成"三教"沟通，全面承担社区所需的教育任务。社区学院应成为社区居民学习指导中心、社区学习资源中心、社区教育研究中心等。②文化建设功能。作为社区文化活动的中心、社区精神文明建设的载体，促进社区文明建设。③开发咨询功能。有条件的社区学院应承担社区的项目开发、咨询和研究任务，推进社区经济和社会发展。

四 高职院校社区化办学的基本内涵[①]

"化"作为后缀，"加在名词或形容词之后构成动词，表示

---

① 韩娟：《职业院校"社区化办学"探析》，《职教论坛》2014年第33期。

转变成某种性质或状态"。就是说,"化"意味着全面深刻的性质、状态变化。办学,意指管理和经营学校。高职院校"社区化"办学,也就意味着高职院校管理、经营学校的性质、状态需要围绕社区,实现全面深刻的转型。

(一)服务社区经济社会发展的办学方向

办学方向,是一定时期内院校建设的前进方向和目标。办学方向规定院校办学的根本原则,引导院校教育目标的实现,决定院校教育工作的成败,制约院校的办学质量和办学效益。所以,办学方向对院校建设、发展具有全局性重要意义。职业院校社区化办学,首先必须明确院校"服务于社区经济社会发展需要"的办学方向,要"更加贴近所服务的产业和社区",特别是培养技术技能型人才的高职院校,要努力"建设成为直接服务区域经济社会发展,以举办本科职业教育为重点,融职业教育、高等教育和继续教育为一体的新型大学"。

(二)对接社区人才需求的培养目标

培养目标,是"立德树人"教育目的在各级各类院校的具体化。培养目标由特定社会领域和特定社会层次的教育需要所决定。正是为着满足社会各界不同的人才需求和不同对象的学习需求,才有了各级各类院校的建立。所以,培养目标决定着院校的社会价值,是院校"安身立命"的根本。职业院校社区化办学,要求职业院校的培养目标要根据区域经济发展实际"与产业需求对接","培养服务区域发展的技术技能人才"。同时,要"加紧满足社会建设和社会管理人才需求","围绕城乡发展、社会管理、社区服务、基层文化建设",培养基层管理和公共服务人才。

(三)侧重社区学习对象的施教范围

施教范围,是指院校受教育对象的覆盖面。传统学校教育一般用"招生对象""招生范围"来表述受教育对象及其来源地区,而新型职业院校的受教育对象不仅仅是"招收"来的"学生",所以用"施教范围"更恰当一些。职业院校社区化办学,受教育对象主要由两类构成:一类是通过传统方式招收的接受正规职业教育的学生,他们是未来的高技术技能人才;另一类是院校"发挥社区文化中心、教育中心作用,举办各种形式短期职业教育、继续教育和文化生活类课程"的接受者,他们主要是当地社区的居民。随着职业院校社区化办学的推进,后一类学习对象的比例会不断攀升。

(四) 立足社区社会实际的培育过程

培育过程,是指学习对象接受某类某段教育从开始到实现预设目标的教育、学习历程。培育过程主要包括专业设置、计划制订、课程安排、教师配备、教育教学、实验实习、考核评价等环节。培育过程设计的科学、实施的到位,是人才培育质量的根本保证。职业院校社区化办学,要求职业院校的培育过程立足于社区经济社会发展实际,"推动专业设置与产业需求对接,课程内容与职业标准对接,教学过程与生产过程对接,毕业证书与职业资格证书对接,职业教育与终身学习对接",这样,才能保证院校的人才培育质量,有效促进社区"经济社会发展和人的全面发展"。

(五) 促进社区社会发展的职业引导

职业引导,是帮助学习对象选择从业方向、实现人生价值的教育服务。职业院校的职业引导,包括劳动力供求预测、就业政策解读、就业信息传递、就业推荐咨询服务以及相应的思想教育工作。职业院校社区化办学,要求院校"建立地方特色优势产业和特色优势学科对接机制,促进人才培养链、科技创新链和产业价值链紧密结合",为地方优势特色产业输送高技术技能人才;同时要"面向基层,积极开设城镇管理、乡村建设、社会保障、社区工作、文化体育、环境卫生、老龄服务等专业，培养下得去、留得住的有文化、懂技术、善沟通的高素质社会管理和服务工作者"，为社区社会管理创新输送适用人才。

第二节 社区职业教育模式与功能及其特点[①]

科学技术的迅猛发展，尤其是在信息技术发达的新时代，仅仅依靠学校教育难以满足社会对人才的多样化、多类型、多层次的需求。为实现社会的教育化和教育的社会化，满足个体的多样化发展需求，社区教育的重要组成部分——社区职业教育势在必行。以社区为单元的社区职业教育是实施开放教育、终身教育最理想的载体和最有效的组织形式。从某种意义上讲，职业教育正是通过"社区化"实现"社会化"，通过"社会化"实现"多样化"对于我国实现新的教育发展目标和远景规划具有极为重要的意义。

一 社区职业教育模式

从中外社区职业教育的发展实践看，其发展模式概括起来主要有以下四种。

（一）区域型模式

这是以地区为中心的一种教育模式。它以地区为主，政府协调，社会参与，双向服务，共育人才。具有一定的权威性和号召力，能体现地方办教育的积极性。社区职业教育结构包括（县乡）职业教育中心、社区学校和社区学院等。

[①] 王清连、张社字：《职业教育社会学》，教育科学出版社2008年版，第238—245页。

（二）辐射型模式

主要指职业学校利用社会、企业、研究团队等其他资源，发挥人才培养和技术服务方面的优势，以学校为中心，辐射到社区内众多单位，联系各方面的社会力量组成的一种职业教育模式。

（三）学区型模式

指在一定区域内，各职业学校之间资源互补，形成培育人才的共同体，以学区为中心，以学校为渠道，相关单位参与管理，发挥各自优势的教育模式。

（四）厂区型模式

指以大型企业的工业区为中心的教育模式。表现为企业办学、企业内职业培训等，主要是指利用企业资源，发挥企业作用。不仅是提高企业自身职工水平，而且是带动区域内成员提高素质的一种模式。这种模式主要着眼于提高企业成员的素质，并与企业的效益直接相关。

二 社区职业教育的功能

一是承担道德教化与社会稳定功能。从工业社会向知识经济时代的转化过程中，道德教育占据主体性地位，其中伦理准则和道德规范的影响或发散的主要源泉是社区。社区职业教育中的道德建设部分，通过职业道德知识的普及、职业道德习惯的养成、职业情操的升华等，让人明了地方社会中人际关系网络形成和社会资本积累的地方性知识和规则，从而认识社会和谐的必要性与可操作性，调和了现代工业经济中不同利益主体之间的冲突，消解了经济竞争中人们的孤独，从精神的层面满足了人们的寄托需要。社区职业教育十分强调社区的精神文明建设，培养共同的社区意识，诱导积极的价值观念，创建良好的社区文化包括校园文化、家庭文化、企业文化、社会文化，宣传共同的行为规范和生活方式，协调人际关系，增强每户每人的修养，从而形成一种欢乐、健康、向上的社区文化氛围和社区精神。社会矛盾的调节方式很多，其中与法律调节手段相比，更基本、更深入、更广泛、更柔和、更温情的是道德调节手段。从这个意义上说，社区道德建设是社会稳定与发展的最重要和最基本的平衡砝码。

二是承担社区保健功能。社区保健至少包括三个方面：社区环境保护、居民的身体保护、居民的精神心理疾病的防治。职业教育是实施社区保健功能的最好途径。首先，环境污染问题已经成为影响人类生存的重要问题，社区职业教育通过对适龄劳动人口的环境保护教育，培养劳动者在环境保护方面的自觉性，增强劳动者对本土或所处自然环境的关心。由于环境保护需要政府支出大量的经费，因此环保宣传常常像许多时髦的口号一样流于形式。然而，社区教育的作用不同，因为环境污染的最直接受害者是社区的居民，要保护环境首先还要从人人居住的社区开始。在社区实施环境保护教育效果尤佳。其次，关于个人身心健康知识的普及。现代医学更强调保健在线，预防在前。所谓保健和预防，实际上是一种医疗知识教育。因此，作为社区职业教育的一部分，有关个人身心健康知识的普及教育还担负着维护个人生命权利、促进个人全面发展的意义。特别是社区职业教育在普及职业卫生知识、督促劳动者遵守职业病防治法律、法规、规章和操作规程，指导劳动者正确使用职业病防护设备方面应发挥重要作用。

三是承担终身学习的组织功能。终身教育体系需要整合职业和社区教育资源，创办综合性、社区性的职业学校或社区学院、社区学校，满足各个年龄段人群的各种教育和培训需求，构建学习型社区。社区职业教育主要面向一定的区域招生，服务于地方经济，普遍容纳大量的成人就学，缓解社区成员所面对的就业压力，使社区成员通过复合知识的学习，提高其多岗位职业适应能力并能在区域劳动力市场中获益。社区学院的学生由于个体自身条件、兴趣爱好、工作时间、原有教育基础等方面的差异而具有不稳定性、多变性及多样性，社区学院办学形式必须灵活多样，方便人们就学。随着网络基础设施进入每一个家庭，社区职业教育将呈现出更加自由的状态。更加自由是指机器介入传统的师生之中，学习者可以随时随地、不分年龄、不分学科、不分领域地自由交流，可能出现更高的知识创新概率，并且促进劳动者不断适应市场要求。网络时代的人们在提高学习效率的同时，又面临信息选择、信息拥挤、信息垃圾和信息泛滥的问题。社区职业教育应促使现代信息技术与其他技术的合理结合和应用，避免技术对人性的异化。

四是承担教育体系的弥补和完善功能。随着社会的发展和人们对普通教育局限的认识，人们发现，普通学校教育与社会需要脱节的现象日益突出。首先表现在培养人才的数量不足；其次表现在毕业生结构不符合社会需求结构；最后表现在毕业生质量不符合要求。集中体现在学生所学习的知识在社会实际生活中大部分用不上，理论不能联系实际，实际操作能力、动手能力差等。越来越多的人认识到，单靠传统的普通学校教育难以满足整个社会对各式各样人才的需求。因此，要大力发展学校教育以外的各种类型的"非正规教育"，以弥补学校人才培养在数量、结构和质量上的不足。社区职业教育在很大程度上正是"非正规教育"的总和，所以社区职业教育对推动社区各项事业的发展与进步的作用是不言而喻的。在中等以上的学校教育中，培养一个具有一定专业水平的学生至少需要3—4年时间，而社会的人才需求变化往往很快，单靠学校培养人才来满足社会的人才需求从长远来看难免有捉襟见肘的尴尬，而大力发展社区职业教育则可以改善这种局面。如利用短期大学、成人夜校等社区教育形式，紧跟社会需求多快好省地培养人才。这正是社区职业教育的长处。

五是承担人的社会化的功能。社区职业教育的目的很明确：社区教育的基点在于社区的人群，面向社区全体成员，使所有居民在社区中学，为社区而学，人人受教育，个个谋发展，促进个人的社会化进程，并发展各自的志趣和专长，形成个人独特的个性，增强适应社会的能力和自立的能力，同时满足社区发展的需要。家庭教育和学校教育是传统社会化的重要方式，单位、大众传播和社区教育则是现代社会化的新兴方式，其中社区职业教育在青少年成长的过程中正扮演着越来越重要的角色。在现代人的社会化过程中，有来自家庭、学校、社会多方面的影响，社区是多种因素的综合。因为家庭是社区的一分子，学校一般也坐落于社区之中。人自幼就有社区的烙印。在社区中，广场、公园、学校、图书室都不仅是单纯的活动场所或借书场所，而且是具有深厚文化底蕴的教育设施。可以说，无论是良好的社区人文环境和自然环境，还是居民之间积极互动的人际环境，都是社区职业教育可以充分利用的隐形课程资源。社区教育利用这些场所，对社区居民进行科普教育、生活技能教育以及文化娱乐、强身健体等方面的辅导和讲座，极大地传播了我国的传统文化和社区文化；使个人、学校与社会有效地联系起来，互相沟通、互相支持，双向开放、双向服务，社会更直接地关心和支持学校教育，学校教育也更直接地为社会服务；协调各方面的力量，互相配合，互相补充，形成协调的行为和整合一致的教育新格局，有力地促进教育社会化和社会教育化，共同解决社区中的有关问题，形成良好的育人环境，促进人的社会化。同时，社区职业教育是职业教育与社区经济联系的桥梁。一方面，社区经济资助教育的发展，集资助学、扶持校办产业、改善办学条件、发展教育事业等；另一方面，教育也促进社区经济的发展，学校为社区输送合格的劳动力,协助培训在岗人员,提供科技咨询,等等。这样构成了教育社会化和社会教育发展与社区经济发展的良性循环,为新时期人的社会化提供良好的环境。

三 社区职业教育的特点

社区职业教育的关键,不在于学习文凭的获得和学习结果的最终评价,而在于学习氛围的营造和学习心理的满足。具体来说,社区职业教育具有以下特点。

(一) 教育目的的多样性

社区职业教育的目的不仅包括最传统也最现实的"使无业者有业,使有业者乐业",而且同样具有提升人的生活质量和水平的目的。与各级学历教育相比,社区职业教育是满足社区成员各种教育需要,提高思想、道德、知识、能力水平,提升生活质量的一种教育形式。

(二) 教育对象的广泛性

社区职业教育的对象是每个社区成员,具有明显的广泛性特征。教育对象的年龄、性格、类型等都具有多样性和广泛性特征。

(三) 教育范围的区域性

社区职业教育与地方社会、经济发展的关系十分密切,其发展的规模、结构、质量和水平直接受制于当地的经济社会发展水平。因此,社区职业教育具有很强的地方性和区域性特征,反映了特定区域的社会需求,主要解决区域中存在的问题,目的是提高区域成员的生活能力和生活质量,具有明显的区域性。

(四) 教育过程的针对性

社区职业教育无论是针对就业、转业或提高人的技术水平,都必须紧密围绕社区经济发展的现实和教育对象的需要,在专业设置选择、办学模式等方面,进行特定的、有针对性的教育。

（五）教育过程的实践性

社区职业教育是为就业服务的，目的是培养学生综合素质和实践能力，这就决定了在人才培养过程中必须强化实践教学环节。马克思主义认为，教育与生产劳动相结合是培养全面发展的人的唯一正确的方法。因此，强调教学过程中的实践性既是培养人才的基本途径，也是职业教育特殊性的体现。社区职业教育的特点是强化参与，倡导躬身实践，在参与和实践中提高自己、完善自己。

（六）教育形式的多样性

职业形形色色，教育对象千差万别，社区职业教育必须相应地体现出形式上的多样性才能满足外在的需要。社区职业教育从类型而言，既包括学历教育，又包括非学历教育；既有脱产的，又有在职的；既有长期的，又有短期的；等等。从形式而言，包括职前教育、在职提高、转业培训、再就业培训、发展性培训、职业指导等学历的和非学历的两个方面，并具有多层次、多规格、多形式的特点。

（七）教育方式的开放性

教育对象的广泛性决定了其办学形式、教育形式必须具有开放性，面向所有有受教育需求的社会成员。社区职业教育是学校教育系统开放、区域开放、全方位参与的教育，各种教育资源、信息交换及时，渠道畅通，尤其是学校与社会双向开放，通过教育与社会的双向服务，形成了开放式的大教育格局。

第三节　高职教育与社区教育融合的理论依据

实现高职院校社区化办学最重要的就是要实现高职教育与社区教育的融合发展。高职教育与社区教育融合（以下简称"职社融合")是指高等职业教育和社区教育在职能上的融合,其目标主要在于两者相互补充,教育资源共享,构成新的学习体系,力图最大限度地发挥教育的功能。

"职社融合"的理论依据,是开展高职教育和社区教育活动的理论基础。只有掌握了其理论依据,才能更科学和有效地开展高职教育与社区教育的融合活动。据此,本节从教育学、公共管理学、企业管理学等原理中来寻找"职社融合"的理论依据,并作为构建"职社融合"模式的理论支撑。

一 "职社融合"的教育学原理

教育学是研究高职教育、社区教育和"职社融合"的理论基础。本书以终身学习理论、教育社会化理论为依据,阐述"职社融合"的教育学原理。

(一)终身学习理论视角下的"职社融合"

终身学习的理论是从终身教育理论体系中发展而来的,因而在论述终身学习理论前首先要讨论的是终身教育理论。最先提出终身教育概念的是法国成人教育理论家和实际工作者、当时的联合国教科文组织终身教育局局长保罗·朗格朗先生。在他的一篇名为《终身教育展望》的论文中提出了"任何阶级的所有人都能得到学习机会"的观点,随即引起了教育学界的强烈反响。1968年,在联合国教科文组织的教科文大会上,"终身教育"作为改革教育制度,制订教学计划的思想首次被提出。两年后,保罗·朗格朗出版了《终身教育导论》一书,系统化了终身教育的思想。同年,美国学者罗伯特·哈钦斯首次提出学习化社会的概念。至此终身教育理论体系正式形成。终身教育作为一种现代教育思潮,是指教育系统为个人提供一生参与有组织的学习机会,使其进行不断学习、提高素质,以适应社会发展的需要。如果说终身教育理论是从人类教育的角度来阐述的话，那么终身学习理论则是从学习的角度。1994 年在罗马召开的首届全球终身学习大会对终身学习的定义是：终身学习是通过一个不断的支持过程来发挥人类的潜能，它激励并使人们有权力去获得他们终身所需要的全部知识价值、技能理解，并在任何任务、情况和环境中有信心、有创造性和愉快地适应创新。终身学习出现于 20 世纪 60 年代，有的学者认为它的提出"如同火山爆发般"的突然，有的学者认为终身学习是一个政策概念，还有的学者认为它由终身教育的思想发展而来。西方学者约翰·菲尔德指出："终身学习不是一个新的概念，它像蛹一样从它的前辈躯壳中孕育而出，是伴随着一系列概念——如终身教育、回归教育、继续教育、永久教育等发展而来的，它并且已成为这一概念家族中的一个十分强壮和有力的成员。"的确，终身学习的提出和终身教育的发展有着密切的联系，可以说终身学习是终身教育的延续，在有的国家甚至用终身学习的思想代替了终身教育的思想。在 1972 年的联合国教科文组织国际教育委员会的报告书《学会生存》一文中，将终身学习提到了人类学会生存的高度："唯有全面的终身教育才能够培养完善的人，而这种需要正随着使个人分类的日益严重的紧张状态而逐渐增加。我们再也不能刻苦地一劳永逸地获得知识了，而需要终身学习去建立一个不断演进的知识体系——学会生存。"终身学习理论有三个重要的观点：第一，知识的衰减论。当代是知识大爆炸的时代，知识更迭的速度是以往社会的一倍甚至是数倍，知识的生成和衰退的轮回可能在短时间内就完成了。当代的学习者在这样的社会背景下，如果仅以从学校教育中获得的知识将不足以支持学习者在社会生存资本的获得中占有先机。因为在知识迅速更新的时代，如果不继续学习新的知识和技能，旧有的知识只会随着科学文化的发展逐渐变得无用,时间越长,衰减越多。第二,两种业务能力论。这种理论认为个人有两种工作能力:一是操作能力,二是为了实现更高层次发展的规划发展能力,而这两种能力的培养都需要通过学习来实现。第三,人力资源再生论。新的知识可能在朝夕之间就已经被世人所熟知,也可能在短时间内被新的知识所取代。那些不紧跟社会发展的工作者将无法适应现在工作的需要从而被社会淘汰。因而人力资源随着社会经济文化的不断发展而消耗。要解决这一问题靠的还是不断的学习。

终身学习理论的实施需要一个载体,而这个载体则落在了社区教育和学习上。当代社会人的一生大多数时间都是生活在社区中,开展社区教育成为实现居民终身学习的最有效的途径。终身学习强调了居民学习的时间特性,提出了居民时时学习的可能性和必要性,而社区教育则补充了终身学习理论中关于空间的限制。社区教育为居民提供处处学习的可能性,当居民产生了学习的意愿只要走进社区教育中心就能得到一定的学习。高职院校由于其地域性、区域性,融入社区教育为居民的终身学习提供资源和场所就存在必然的合理性。

(二)教育社会化视角下的"职社融合"

"教育社会化与社会化教育"社区教育理念来自19世纪末20世纪初在美国兴起的教育思潮,代表人物是美国实用主义哲学家杜威教授。他提出了"教育即社会,教育即生活"的观点,强调教育必须回归到生活中去,回归到社区中去,只有学校与社区相结合才能实现改造社会的目的。教育即学生个体经验持续不断地增长,学校是一个雏形的社会,其基本理念就是打破学校和社区的界限,学校不仅仅是一块纯学术的圣地,还应该为社区服务,把社区服务相关内容等纳入学校课程。社会化教育理念主张,要加快社区教育社会化的进程,打破管理体制上的条块分割，扩大社区教育与社会各行业、各部门的协作，依靠政府的统筹规划，整合信息化资源建设，整合社区教育资源，提高资源利用率和系统维护的效能，避免重复建设和浪费。随着城市化的发展，原来由企业承担的社会事务逐渐从企业分离，移向社区。社区的功能不断被强化，居民对社区的依赖日益加强，居民的社区意识日益增长，纷纷要求社区担负起教育、娱乐、交往等功能，认为教育是社区不可或缺的重要组成部分，用教育来提升社区的功能，把社区教育作为发展居民素质的乐园。教育社会化与社会化教育最终是要实现教育与社区的均衡化。学校特别是高职院校和社区在教育需求上实现融合与平衡，一方面高职院校认识到，教育必须走向社区、利用社区、服务社区，才能使教育更好地适应社会需求，因而许多高职院校把社区教育纳入教育规划，把社区作为推动教育发展的新的增长点；另一方面社区也认识到，社区教育要获得深度发展，必须亲近高职院校、学习高职院校，利用高职院校丰富的教育优势资源来改造社区过去初级的、不成熟的、缺乏体系的教育状况。社区资源和高职院校资源的有效均衡，把"教育社区化"和"社会化教育"两种理念融合起来，实现高职院校和社区互利双赢。

二 "职社融合"的公共管理学原理

公共管理学是研究高职教育、社区教育和"职社融合"的另一个理论基础。笔者以多元治理理论、公共服务理论为依据，阐述"职社融合"的公共管理学原理。

（一）多元治理理论视角下的"职社融合"

治理理论兴起于20世纪80年代末90年代初，是相对传统的"统治"而言的。英国知名政治学家、地方治理专家、南安普敦大学教授杰瑞·斯托克对治理的本质内涵做了概括，可以作为治理的核心论点：①治理关注治理过程中在政府之外（但也包括政府）的组织机构；②治理明确指出存在边界和责任上的模糊；③治理安排使参与其中的行为主体和组织间产生了复杂的依赖关系；④网络是治理实践的主要形式；⑤治理研究认为政府可以利用其权威与立法能力之外的许多其他工具影响最终结果。归结起来，治理是指包括国家、市场与公民社会或公共部门、私人部门和第三部门在内的多元主体，通过建立多中心的网络合作伙伴关系，结合不同部门各自的组织特点、权力资源和运作方式，以反思性和互动性的对话、协商、合作等方式共同管理社会的公共事务，以期实现最广泛的社会和经济发展目标。现代政府不仅需要是公共事务的管理者，也需要是公共服务的提供者。由于政府现代宪政政治对政府公共行政的约束和制衡，使得政府对公共事务的治理必须遵循公平、效率、经济的原则，以防止政府规模的过度膨胀，降低行政成本，同时将一些可以由社会组织承担的行政管理和公共服务任务通过委托—代理、购买、竞标等方式交给这些组织去承担，这是多元治理的组织理由。美国学者文森特·奥斯特罗姆在《多中心》一文中指出："公共服务经济中多中心秩序的发展是特殊条件下出现的事情。在市场安排、法律社群、宪政、政治联盟等组织中存在的多中心，每一个都是公共服务经济中存在多中心的必要前提条件。"这也意味着政府、党（社）团、社会组织、企业、公民都是相互存在的条件，在公共服务体系中，都可以成为公共服务的消费者，也都有可能成为公共服务的供给者。多元治理理论的一个重要方面就是社会和公民参与较传统公共行政时期要广泛，社会、市场和个人都可以是服务供给者，这在今天已经成为共识。在多中心治理中政府需运用一些必要方法鼓励社会、市场和个人供给公共服务，并与这些供给者形成长期的、稳定的、和谐的协作关系。

治理理论为社区教育服务注入了新的价值因素，对社区教育产品的供给方式、公共服务价值的复兴重建、公共决策的公众参与产生了深远的影响，蕴含着当代教育公共治理的基本走向。社区教育公共治理是指政府、社会组织、市场、学校、公民个人等多元教育治理主体对教育公共事务进行协作管理以增进教育公共利益最大化的过程。多元社区教育治理主体通过参与、对话、谈判、协商等集体选择行为，在相互依存的环境中彼此合作、分享权力，共同参与教育公共事务管理，共同生产或提供教育公共产品与公共服务，并共同承担相应责任。社区教育公共治理的目的在于促进教育公共权力向社会的回归，实现多元治理主体之间的良好合作关系。最终旨在形成以社区公民发展为本、面向学校教育实际、积极回应内外环境变化、促使社区教育自主发展的新型社区教育公共服务体系。以公共服务性质为导向产生的多元化、多中心化、扁平化、弹性化的治理体系是当今社区教育服务治理的理论基础。

首先，从概念的角度来说，"治理"是指市场在资源配置中起决定作用的条件下，多元利益主体围绕共同目标协调互动的过程。区别于传统自上而下、一元单向的政府"管理"理念，治理的要点在于多元主体合作共治，各主体通过平等协商达成一致目标及行动方案。因此，在治理理论视野中，不仅要求中央政府而且要求地方政府、行业企业及社区都参与到职业教育决策之中，并要创造条件，力争形成多个职业教育决策中心。其次，从国际视角来看，建立社会合作伙伴多元参与的协调性治理体系是国际职业教育改革发展的基本趋势。欧洲培训基金会认为，职业教育治理的目的在于加强利益相关者之间的相互作用，改进政策的问责制、透明度、一致性、效率和有效性。经济合作与发展组织提出，职业教育治理体系建立的关键是职业教育的利益相关者及特定主体建立明确交流及合作机制的过程，这些主体包括政府或教育管理者、教育与培训机构、劳动力市场和社区等。最后，从职业教育自身来看，作为与劳动力市场关系最为密切的一种教育类型，行业企业和社区参与是职业教育治理的重要特征，职业教育需要政府、行业企业、社区、学校四方联动。[①] 因此，准确定位各级政府、高职院校和行业企业，特别是社区在职业教育改革发展中的权责和职能，理顺它们之间的关系，是建立现代职业教育治理体系、提升各个主体治理能力的基础。借鉴国际社会的经验，基于我国职业教育改革发展实际，社区通过什么样的途径和平台来参与各层次的职业教育治理，并从实质上影响职业教育从决策到实施的整个过程，是建立社会协同职业教育治理体系的关键。

（二）公共服务合同外包视角下的"职社融合"

美国民营化大师萨瓦斯在《民营化与公私部门的伙伴关系》中认为，政府中的公共服务可以通过私人机构提供，这有利于解决政府公共服务数量不足、形式过于单一的问题，合同外包就是公共服务民营化的典型形式。OECD对合同外包的定义为：政府公共服务合同外包是从外部购买产品和服务而不是在政府机构内部提供这种产品和服务，外包代表了在公共服务的管理和供应过程中，特别是直接民营化（例如所有权的变更）不可能的时候，模仿市场的努力，其基本原理是要在服务供应商之间促进竞争。政府公共服务合同外包的本质是把竞争和其他私人部门制度安排引入公共服务部门。合同外包一方面指外包对象为私人企业和非营利组织，另一方面也可指政府之间的协议与合作，一个政府可以雇佣或付费给其他政府以提供公共服务。服务责任在不同行政区域间重新配置和调整，目的在于更好地解决地区性问题并解决日益上升的成本。公共服务合同外包的特征可概括为：强调竞

[①] 李玉静：《建立多元主体共同参与的职业教育治理体系》，《职业技术教育》2014年第7期。

争；能够带来资金节省和其他收益，同时不降低服务水平和质量；外包是把生产能力转移给私人部门，而政府利用其设计能力决定公共服务的质量和数量规则，即政府并不是把政策制定和管理职能外包给私人部门。目前，社区教育作为一项公共服务，由于政府主体的单一性，使得社区教育服务的供给无法有效满足居民的多样化需求，通过高职院校等组织承接社区部分社区教育服务，一是能够很好地解决社区教育服务的数量不足、形式单一的问题；二是可以降低行政成本，提高服务质量；三是合同外包限制了政府雇员规模，有利于政府机构精简。

未来的社区教育服务可以采用合同外包的方式来提供和改善社区教育服务质量。一是引入高职院校参与社区教育，提供社区教育服务，政府给予政策、法规上的支持，留出专项资金用于社区教育服务购买；二是聘用兼职教师，通过与高校特别是高职院校合作办学，签订合同购买教师的教学服务，并对教育内容、教育方式和课程做出一定的规定。政府可以给予高职院校以适当的补助、财政拨款或者财政专项等。在这种安排下，社区教育生产者是高职院校，政府和社区教育消费者是供应者，政府选择相应的高职院校提供补助，社区教育消费者向接受补助的社区教育生产者购买产品并支付费用或者费用由政府埋单。

三 "职社融合"的企业管理学原理

企业管理学是研究高职教育、社区教育和"职社融合"的第三个理论基础。笔者以"蓝海战略"为依据，阐述"职社融合"的企业管理学原理。

作为企业管理学上的概念，蓝海战略是相对于红海战略而言的。蓝海战略的提倡者将市场划分为蓝海和红海，所谓红海代表先进存在的所有产业，这是我们已知的市场空间；蓝海则代表当今还不存在的产业，就是未知的市场空间。迈克尔·波特的竞争战略适用于红海，它会指导企业如何进行产业分析，如何建立竞争优势去参加市场竞争，从而在残酷的竞争中杀出一条血路，因此，竞争战略被称为"红海战略"。在红海中，企业试图击败对手，以攫取更大的市场份额，随着市场空间越来越拥挤，利润和增长的前途越来越暗淡。产品成了货品，残酷的竞争也让红海变得越发鲜血淋漓。当然，能打败对手，再在红海中遨游，这点永远很重要，它是商业生活中的一个事实存在。自从迈克尔·波特的《竞争战略》和《竞争优势》这两部战略管理专著问世，竞争就成了战略管理领域的关键词。在基于竞争的战略思想指导下，企业常常在"差异化"和"成本领先"战略之间选择其一。然而，追求"差异化"战略意味着相应地增加成本，而以"成本领先"为导向的战略又限制了企业所能获取的利润率。无论采用哪种策略，企业取得获利增长的空间都越来越少。基于这样一种市场竞争状况，欧洲工商管理学院的 W. 钱·金教授和勒妮·莫博涅教授提出了蓝海战略，为企业指出了一条通向未来增长的新路。

蓝海战略是为了避免在现有市场格局中与竞争对手在"红海"中进行血腥的竞争，通过全新的产品创造还没有竞争对手的市场，以启动和保持企业的营利性增长。蓝海战略要求企业把视线从市场的供给一方移向需求一方，从关注并比超竞争对手的所作所为转向为买方提供价值的飞跃。通过跨越现有竞争边界看市场以及将不同市场的买方价值元素筛选与重新排序，企业就有可能重建市场和产业边界，开启巨大的潜在需求，从而摆脱"红海"——已知市场空间的血腥竞争，开创"蓝海"——新的市场空间。通过增加和创造现有产业未提供的某些价值元素，并剔除和减少产业现有的某些价值元素，企业就有可能同时追求"差异化"和"成本领先"，即以较低的成本为买方提供价值上的突破。从这个意义上讲，蓝海战略代表着战略管理领域的范式性转变，即从给定结构下的定位选择向改变市场结构本身转变。蓝海战略不去瓜分现有的且常常是萎缩的需求，也不把竞争对手立为标杆，而是去扩大需求、摆脱竞争。

高职教育整体上仍是教育的薄弱环节。为了提高竞争力，高职院校必须改变传统的管理理念和习惯的办学模式，引入全新的企业管理理念，以扬长避短，因势而变，走出一条以创新为理念、以调整为手段的发展新路。蓝海战略是一套不同于传统竞争战略的企业的管理理论，它不仅关注怎样赢得竞争，而且更为关注怎么超越竞争，达到不战而屈人之兵的效果。尽管职业院校与企业在组织性质上有着本质差别，不能简单地将企业管理中的理论移植到学校管理中来。但是，当代职业院校作为一种"非营利性组织"，不仅具有越来越重要的经济功能，而且本身就有企业的性质，表现出企业的行为。借鉴蓝海战略理论思考来研究高职院校社区化办学创建社区学院的问题，将获得一种全新的视角，为高职院校的发展和社区教育的发展提供了一种全新的视野。高职院校不仅要在职业教育的红海市场上大有作为，也要在蓝海市场上在职后培训、继续教育、社区教育等方面积极开拓，特别是在实施社区化办学方面更应该不断进行有益探索，将是正规教育与非正规教育、院校教育与社会教育、专才教育与民众教育互动互促的崭新战略。

第四节 高职院校创建社区学院的意义

一 是我国职业教育发展和终身教育体系构建新形势的要求

2014年5月颁布的《国务院关于加快发展现代职业教育的决定》（以下简称《决定》）中明确指出：高等职业院校要密切

产学研合作，培养服务区域发展的技术技能人才，加强社区教育和终身学习服务。积极发展多种形式的继续教育。建立有利于全体劳动者接受职业教育和培训的灵活学习制度，服务全民学习、终身学习，推进学习型社会建设。面向未升学初高中毕业生、残疾人、失业人员等群体广泛开展职业教育和培训。利用职业院校资源广泛开展职工教育培训。《决定》明确提出了高职院校的三大功能：一是培养服务区域发展的技术技能人才；二是服务企业特别是中小微企业的技术研发和产品升级；三是加强社区教育和终身学习服务。

新中国成立以来，1990年是一个人口出生的高峰，出生了2802万人，此后出生人口一年比一年少；第一个低谷出现在1999年，出生1393万人；第二个低谷出现在2003年，出生1342万人。2014年，我国退休人口1775万。可以预见，今后十几年的时间内，每年进入劳动年龄的人口越来越少，退休的越来越多。这个数据说明，在新的人口形势下，高职院校如果仍只关注十八九岁的生源，可能会失去发展的机遇和动力。据预测，到2020年我国老龄人口将接近3亿，到2034年将突破4亿。这要求传统的学历教育之外，高职院校必须承担起社区教育和终身学习服务的工作。职业教育的人才培养工作，既包括全日制的人才培养，也包括通过社区教育、终身学习，促进人的持续发展。只有实现高职院校三大功能的科学配置，才能实现国务院《决定》提出的"建成一批世界一流的职业院校和骨干专业，形成具有国际竞争力的人才培养高地"。

2014年教育部等六部委颁布的《现代职业教育体系建设规划（2014—2020年）》在体系建设的制度保障和机制创新中明确提出：推动职业院校社区化办学。各类职业院校要发挥社区文化中心、教育中心的作用，举办各种形式短期职业教育、继续教育和文化生活类课程，向社会免费开放服务设施和数字化教育资源。到2015年，所有职业院校都要开设10门以上社区课程。建立社区与职业院校联动机制。建立社区和职业院校联席会议制度，支持社区参与制定职业院校发展规划、校园建设规划、专业建设规划和社区服务计划，协调社区企事业单位为职业院校提供实习实践场所，加强校园周边环境综合治理。

即将颁布的教育部《高等职业教育创新发展三年行动计划（2015—2017年）》更是明确提出专科高等职业院校要实施社区教育和终身学习服务推进计划。要发挥场地设施、师资、教学实训设备及网络优势，向社区开放服务设施和数字化教育资源，面向社区所有成员开展与生活密切相关的职业技能培训，以及民主法制、文明礼仪、保健养生、生态文明等方面的教育活动。与社区教育学院、社区教育中心等社区教育机构共同开发适合居民学习、具有地域特色的社区教育课程。有条件的地方，可将社区教育学院或社区教育中心建在专科高等职业院校。建立专科高等职业院校和社区教育机构联席会议制度，为社区居民代表参与制订学校发展规划和社区教育服务计划提供平台，协调社区企事业单位为学校提供实习实训场所，开展校园周边环境综合治理。

二 是高职院校建设职业教育名校的战略选择

（一）立足于服务地方经济和社会发展，社区学院的建立和实践，生动诠释了高等职业教育的本质，并为高等职业院校的教育教学改革提供理论和实践支持

2014年全国职业教育工作会议召开以来，职业教育包括高等职业教育的发展再度引起社会各界的广泛关注，成为讨论热点。高等职业教育要实现向纵深发展有必要寻求新的发展途径，与社区教育相结合既是许多国家的发展经验，也是我国尤其是作

为首都的北京市可资借鉴的做法。北京市已经提出建构终身教育体系的目标，社区教育、高职教育在这个目标体系的构建中都有着重要的意义，寻求二者有效的结合途径，实现二者间的相互促进，对整个体系的构建将起到积极推动作用。更重要的是，二者的结合对拓展高等职业教育为社会服务的功能有着积极的、深远的意义，它对高等职业教育在新的发展时期探求新的发展点是一种新的尝试。

同时，高职院校资源向社会的开放，一方面是资源共享，另一方面也在推动教育教学改革方面起到积极作用。教师深入社区教学使他们更切身体会到了社会经济的最新动态，切身体会到了社会对人才的需求的规格与尺度，更加了解社会经济发展的需要。社区的教学与实践锻炼了学院的师资队伍，将务实的教学作风带回了学院，带回了课堂。以社区为基地的社区实践活动也提高了学生各方面的能力素质。

（二）社区教育与高等职业教育的融合有利于提高服务社会的能力，促进经济发展

我国的高等职业教育得到大力发展，已经归结出为地方经济社会发展培养应用型人才的办学宗旨和较成熟的办学理念；而社区教育尚在探索其发展的理论和观念。高职院校建立了较完整的人才培养模式，具有鲜明的办学特色；社区教育由于点小面窄，其办学的特色尚在探讨之中，仍未形成比较一致的实践和理论体系。高职教育形成了以技能应用为特长的师资队伍和实践实训条件；而从全社会而言，社区教育还无法考虑并形成基本的职业教育条件。社区教育还面临着管理体制、资源配置等方面的深层次矛盾。社区教育与高等职业教育的结合与交融，促进解决社区所面临的诸如实施低保、就业和再就业问题的解决，有利于社区广泛开展各类职业培训，强化社区服务功能，努力帮助社区公众，

尤其是弱势、困难群体增强自立意识，拓展谋生技能，实现就业和再就业等。而这些正是构建和谐社会的重要因素与难点。高等职业院校也在与社区教育的合作过程中使自身的教育资源得到了充分的利用与发挥，服务地方的意识更加得到升华，功能发挥更加全面与明显。

服务社会，为地方经济发展服务是高职教育的基本功能之一。高职教育的主要服务对象是地方适学青年，以及需要提高技能与健全知识结构的人群。社区教育从终身教育的角度，满足社区公众不断增长的文化生活、科学知识、生产经营技能等方面的需求，更新知识，完善自我。尤其是社区中来自农村的流动人口、青年失业者、"5060"人群、残障群体、经济困难家庭等弱势群体，需要提高技能、获得新知识。两者都以适应当地的经济、文化需求为服务范围。高职教育与社区教育有着基本的共同点，在两者之间架起共同体的桥梁，既可为高职教育拓宽发展道路，也可为社区教育争得生存空间。

三　高职院校在社区教育中的突出作用

（一）高职院校与社区、社区教育的关系

1. 社区是高职院校办学的重要载体

任何一个社会组织和团体，都不能脱离社区而单独存在，高职院校也必然处在一个具体的社区中，并作为社区的组成部分，社区的政治、经济、文化、生态环境对学校的生存和发展会有深刻的影响。一个好的社区环境，可以促进学校的良性发展；一个差的社区环境，将会制约学校的发展。美国学者奥森提出，学校不应是游离于社区的文化孤岛。它应主动与社区架设各种桥梁，致力于解决社区的问题。因此，作为社区中组成部分的高职院校，必须关注社区的建设和发展，并为社区的建设和发展尽心出力。

2. 高职院校为社区教育提供优质的教育资源

社区教育是依靠整合社区的教育资源来开展的。当地的中小学、高等院校、职业院校、博物馆、图书馆、各类社会培训机构以及企事业单位内部的培训机构等，都是社区教育可利用和应该利用的资源。其中，高职院校具有技能知识密集、人才集聚的优势，具有各个专业的专家和技能能手，具有丰富的图书资料、完备的实训设备和各种文体活动场所和设施，是社会文化科技的中心，可以在很大程度上满足社区教育的要求，是社区重要的教育资源，应该肩负社区教育的重要使命。

3. 社区教育是高职院校实现服务职能的重要途径

高职院校的主要职能为人才培养、科学研究、社会服务和文化传承。社会服务职能的履行，主要是通过面向社会开办各类培训班或业余学校、承担继续教育的任务来体现。这也是社区教育的主要任务。

（二）高职院校从事社区教育的优势

1. 便利的地理位置

高职院校从事社区教育的地域优势体现在两个方面：一是贴近社区。与普通高校大都在城市边缘选址建校不同，高职院校特别是其部分校区大都处在人口居住密度较大的城市社区，这是由高职院校的发展历史决定的。1993年，《国务院关于〈中国教育改革和发展纲要〉实施意见》提出"三改一补"的高职教育发展方针，即通过现有职业大学、专科学校和独立设置的成人高校的改革、改组及改制，并可选择少量的重点中专通过转制作为补充发展高职教育途径。这些学校中，成人高校主要是针对在职员工办学，与社区教育有着密切的联系；职业大学和中专，都与行业、企业有着密切的联系，当时这些行业与企业往往是个小社会，与社区有着紧密的联系。二是分布点多。截至2014年7月，全国普通高等学校（不含独立学院）共计2246所，其中高职院校1327所，几乎占到60%，并且基本实现了每个地级市都至少有一所高职院校。这种多点分布，使得它更能在社区教育中发挥作用。

2. 优质的教育资源

高职院校具有从事社区教育的优质资源。一是教师和课程资源。高职院校的教师专业门类齐全，而且其优势专业往往与学校所在地的产业有着密切的联系，可以满足社区各个年龄层次、各种职业人的教育需求；其丰富的课程资源尤其是特别行业企业社会的专业课程资源，将是满足社区人群需要的主要资源载体。二是场地优势。高职院校的教室、图书馆、运动场、实验实训室、会议室场所均有较大的规模和较好的条件，在满足教学要求之外的时间以及周末、节假日、寒暑假都可以对社区开放，发挥潜能，服务社会。三是设施优势。普通高校的仪器设备的优势体现在科学研究上；中小学的仪器设备优势，体现在科学普及上；高职院校的仪器设备优势，主要体现在技能训练和技术开发上，而社区教育恰恰更关注社区成员职业能力的提升。

3. 高职教育独有的优势

高职院校在社区教育中的独特优势，是由高职院校的办学类型、办学层次和办学目标决定的。社区教育包含两个部分：一是社会成员教育体系，就是围绕社区所有成员进行终身教育，这是建立社区精神、社区文化、社区生活圈所需要的教育；二是职业教育体系，即包括职前、职后教育，以及不断适应产业结构变化需要的就业和再就业教育。高职院校既能承担职前教育，也能承担职后教育、转岗教育、再就业教育。与普通高校比较，高职院校在职业教育方面具有优势；与中等职校比较，高职院校在办学层次上具有优势。

4. 高职院校有服务社区教育的传统

从事社区教育是很多高职院校的优良传统。事实上，很多高职院校都承担过转岗培训、再就业培训、农民工培训等工作，这些已经成为高职院校的传统，可以在社区教育中继续发扬光大。

（三）高职院校在社区教育中的积极作用

高职院校在社区教育中主要应该发挥以下四个作用：

1. 为社区从业人员实现终身教育提供持续的机会

现代社会，科技迅速发展，知识总量激增，应用周期缩短，半衰期加速，导致了社会产业结构、技术结构、职业结构等随之发生变化。这种变化要求从业人员要有较强的职业应变能力。一次性的学校教育和工作后的几次培训，不能满足这种需要。继续教育和终身教育被提到议事日程，成为从业人员生活的一个有机组成部分。社区教育作为实施终身教育转变的重要形式，在从业人员的职业生涯发展中有重要作用。高职院校要发挥自身职业教育的优势，为当地的经济和社会发展服务，为社区从业人员转岗、再就业提供培训服务，为社区从业人员知识和技能的补充、更新提高提供培训服务。

2. 为社区职工提供培训渠道

高职教育是就业教育，是为当地的经济建设和社会发展服务的。它的专业设置与当地企业的岗位工种需求联系紧密，具备覆盖社区企业主要工种和专业的技术专家、培训教师。目前，很多企业的用工流动量大，新员工的比例常年保持在高位。对于技术要求比较高的岗位，没有经过专业培训的员工，很难适应岗位要求；另外，企业的转型升级，也需要同步提升员工素质。这就对高职院校社会服务的能力提出了更高的要求。高职院校应该积极主动地围绕社区企业的培训需求，制定培训规划，研究培训内容，组织培训资源，送教上门，将培训融入企业的发展战略、产业流程经营管理和科技进步，共同建设和发展企业社区环境。

3. 为社区文化活动提供平台

社区教育所形成的寓教育于管理、服务、文化活动格局，是对学校教育模式的突破、拓展和延伸。目前，我国的社区教育还处于初级阶段，社区教育体系还在建设和完善之中，很多地方的社区教育都是以开展文化活动来进行的。开展多种形式的文化活动，以文教化，是中国几千年来的传统，也是广大民众喜闻乐见的教育形式。齐备完善的文化活动场地和设施，丰富多彩的文化活动形式和格调高雅的文化活动内容，是高职院校的优势。高职院校要发挥自身的优势，面向社区或结合社区开展既具有高校特点又为社区居民所喜闻乐见的文化活动，如歌唱比赛、书法绘画比赛、技能设计创新大赛、各种节庆演出、各类讲座等。文化活动形式下的社区教育，具有润物细无声的效果，尤其是在社会竞争日渐激烈的今天，各种文化活动可以给职场生涯劳碌奔波的人们以抚慰，对于实现社区教育的文化功能，具有重要作用。

4. 加强文化建设的重要渠道

建设和谐社区，人是关键。只有提升全社区成员的文化素质和道德水平，社区的稳定与和谐才有保障。不同的文化造就不同类型的人，提升公民的文化素质和道德水平，必须加强文化建设。高职院校是社区的一部分，并占据了社区文化的制高点，应成为培育和传播先进文化的平台。首先，高职院校要通过开放校园，将校园文化向社区延伸。高校文化有自己的特点，例如，环境优美、学习氛围浓；人们崇尚科学、个性解放、创新意识强、接受新生事物快，有较高水平的价值追求和审美情趣；人际交往温文尔雅，各种文艺、体育活动丰富多样。校园文化向社区延伸，可以带动社区文化品位的提升。其次，高职院校还要向社区传播先进文化。高职院校由于学术研究和培养人才的需要，往往能较早地接受一些新思想、新理论和新技术，在观念和理念上领时代风气之先。高职院校有义务通过社区教育的形式，在社区传播先进的思想和现代的文化观念，发展社区文化，以强化社区群众的主人翁意识，倡导健康的民风民俗，增强社区居民的归属感，维系社区良好的人际关系，提高居民的生活质量。

第三章

国外和我国台湾地区的"职社融合"情况

第一节 美国社区学院

社区学院是极具美国特色的教育机构。自20世纪初期创立以来，社区学院在为大众提供基础性高等教育、职业和技术教育以及自我完善教育等方面一直发挥着重要的作用。微软前总裁比尔·盖茨曾说过："美国在高技术方面领先世界。社区学院在确保我们有技术熟练的工人来充分利用数字时代的所有机会方面扮演重要角色。"21世纪初的全球性金融危机造成了世界各国教育经费的普遍匮乏，美国社区学院以其灵活的专业设置、低廉的教学成本获得越来越多的学生和成人学习者的青睐，以其在应对经济危机方面的独特作用引起了各国教育决策者的关注。

一 社区学院的发展历程

（一）社区学院的建立背景

20世纪初期，美国社会快速发展和经济增长需要大量的高素质劳动力，这要求大量高中生进入大学接受教育。然而，超过75%的高中毕业生不愿远离家乡去大学学习。与此同时，发展迅速的公立高中尝试新的途径为社区服务。通常情况下，它们会在学历项目中增加职业教育的内容。此外，一些私立大学也相继提供了小班授课等多种教育形式。公立、私立教育的结合催生了早期的社区学院。

根据美国社区学院协会的定义,社区学院系指颁发副学士学位作为最高学位的地区性被认可的高等教育院校。法律规定这类院校只能授予副学士学位,但同时可与四年制大学联合授予学士学位。美国的社区学院有公立和私立之分,以公立为主,每所社区学院都带有它所服务的区域文化及地理特性,同时它们又有许多共同点。大多数社区学院提供三种类型的课程:本科转学课程、职业技术教育及社区服务。后者包括成人继续教育和工商业的培训与再培训。

(二) 社区学院的发展和演变

1901年,乔利埃特镇立高中校长J. 斯坦利·布朗和芝加哥大学校长威廉·雷尼·哈珀在伊利诺伊州联合创办了美国历史上的第一所社区学院——乔利埃特初级学院,被授权提供高中程度以上的大专教育,该校是美国首家也是迄今最成功的初级学院。作为实验性质的课程项目,最初的招生人数仅6人。

在早期阶段,社区学院的专业课程主要集中在人文科学领域。20世纪30年代美国经济大萧条时期,为缓解广泛的失业压力,社区学院开始进行就业培训。20世纪60年代,美国的经济处于发展时期,社会和经济发展迫切需要各类应用型、技能型人才;同时,美国"婴儿潮"时期出生的大批人口到了接受高等教育的年龄,对当时的高等教育系统造成了很大压力;加之当时民权运动风起云涌,教育机会均等的观念得到倡导。在此背景下,社区学院得到迅速发展,超过457所公立社区学院开办,超过了历史总和,也标志着社区学院已在全美国范围内形成办学网络。20世纪80年代,产业结构的变化直接导致职业教育功能的调整,提高教学质量、讲求效率被提上议事日程,并得到职业教育法案的保证。1982年的《职业训练合作法》指出："职业训练是对人力资本的投资，不只是出了费用便完事了，而是要追求投资的效益——必须扩大受雇者的雇用机会及其收入，减少对公共福利的依赖。"目前全美已有1200多所社区学院。如把分支机构单独计算在内，则全美有超过1600多所社区学院。

通过不断发展和演变，社区学院逐渐形成了以满足社区需求为主要目的，公、私立相结合的发展模式，招生规模不断扩大。截至2008年秋季学期，共有1240万学生就读社区学院，其中41%为全职学生，59%为兼职学生；女性占61%，男性占39%。全美国超过半数的大学生就读于社区学院。据美国社区学院协会AACC的统计，2007—2008年度，在社区学院注册的学生中，非美国公民的比例占6%。初步估算，其中中国学生占一半以上。

二 社区学院的办学管理体制

遍布全美各城市的社区学院具有大学初级高等教育、职业教育、继续教育等多重功能，其办学体制在本质上是一种市场化的多元合作体制，即经济社会发展提出教育需求，政府择优"购买"教育产品，学校面向市场自主经营，官企民学等利益主体相互制衡合作发展。

（一）在财政上由政府提供资金保障

第一次世界大战前后，世界时局动荡、格局不稳、形势复杂。为了发展经济、安定民生，美国政府于1917年通过联邦法律规定，由各州议会通过税法筹措教育资金，纳入政府预算，统筹建立了包含职业教育在内的社区教育投入保障机制。从10多所不同地域的社区学院的年度预决算统计情况中可以看到，政府拨款约占75%、学费约占20%、其他收入约占5%。其中用于非升学教育（主要是职业教育）的费用占60%以上，反映出政府的投入重点。同时，政府的投入不是有求必应的"供给制"，而是市场化的"购买制"，即政府按各校的专业、课程、教师、学生等可比性指标出资办学。对社区发展急需的、受学生欢迎的专业、课程、教师、教学设施等，政府出更高的价格"购买"，从而激励学校主动服务社区需求，突出质量和特色。

2009 年面对金融危机造成的高失业率，奥巴马总统宣布由联邦政府投入 120 亿美元支持社区学院教育。这笔资金也是按"购买制"原则，优先投放到质量高、就业好的职业教育项目。

（二）在管理上实行董事会制度下的校长负责制

美国实行教育管理分权制，各州可以根据自己的特点来确定社区学院的办学方针。美国州政府一般设有社区教育委员会，其成员由州长任命，主要负责与州政府联络、争取办学经费、提供升学与就业渠道、建议审核课程的开设、评估学院办学情况等。尽管是社区学院的主要出资方，但州政府并不直接对学校实施管理，学校事务的最高决策机构是由社会法人与自然人组成的董事会。校董会的决策形式是定期或临时召开董事会会议，其职责是聘任和考核校长、审定发展规划、决定重大事项（如批准年度预决算、认定终身和荣誉职务、审议土地房产交易）、游说政策、募集资金等。以加州为例，在地区层面上，社区学院由地区选举产生的 5—7 人组成的董事会负责运营，董事会的主要职责是按照法律，本着社区和学生利益最大化的原则运营学校。在州层面上，由州长任命 17 人组成的理事会负责 72 个学区的管理和决策，理事会与地区董事会、州政府协同工作，以促进教育质量、教育规划、财政计划和学生服务。有些社区学院还设有顾问委员会或专业指导委员会，成员由企业界人士和本行业专家等担任，向学院提供社会需求信息、课程开发建议，参与专业设置和教学计划制订，提供教学设备和实习条件等。

在董事会制度下，社区学院的校长可从本地、全美甚至全球精心选聘。校长可独立聘任副校长及以下管理人员和教职工，学校管理事务主要通过校长会议来决定。校长及其团队要具备很强的经营管理能力。例如，针对拥有6个学院、23个校区、7万多名注册学生的情况，得克萨斯州休斯敦社区学院创建了"纵向垂直、横向无界"的管理模式，校长直管学院院长。学院院长直管校区主任，各项行政事务分别由四个副校长所辖行政部门对各学院进行垂直管理。各学院院长和校区主任则对所负责的学院或校区实施无界化的全面管理，从而理顺了总校、学院、校区之间的复杂关系，保证了政令畅通，提高了管理效率。

（三）在监管上实行第三方认证制度

尽管美国拥有数量庞大的社区学院及相应的分支机构，但政府部门并不直接对教育机构进行评价和干预，而是由五个设在全美各地的民间性质的教育认证机构，以资质认证的方式对教育质量进行监督与控制。

美国联邦教育部和社区教育协会（AACC）规定教育机构每五年必须接受一次办学资质的评估认证，对通过认证的机构颁发资质证书。对"问题"机构暂缓通过认证，限1—2年整改，并限制其招生，待专家回访合格后，方可通过资质认证；对认证不合格的机构则取消其办学资质，停止办学活动和政府拨款，并向社会公布。全美还设有85个民间性质的行业性和专业性认证组织，主要负责对学科专业、课程、师资、学位、学分等进行评估认证，以保证人才培养适应社会需求、符合学科及职业标准，否则不予认证。此外，各社区学院还自行聘任行业、企业、科技、教育等方面的专家组成各种顾问委员会，对专业设置、课程开发、专兼职教师聘任、转学学分等开展咨询和内部认证。这种由非官方、非己方的第三方进行评估认证的制度，对各教育机构的基本教学质量起到了有效的监督保障作用，促进了优胜劣汰与公平竞争。美国还设有全国性的社区学院协会（AACC），主要负责政策研究与争取办学经费，进行各种调查和信息发布，为社区学院提供指导和服务，加强协会成员与支持团体之间的联系与协作，在社区学院的发展中发挥重要作用，但与社区学院没有行政关系。

（四）专业课程设置上由专业指导委员会保证质量

社区学院所有专业都聘请行业企业专家组成专业指导委员会，在社会需求、专业设置和教学计划制订、课程开发等方面提供咨询，以保证所培养的学生符合社区的需求。专业指导委员会由工商企业管理者、工会代表组成。根据学校专业需要每年召开至少两次的集中会议，邀请本地银行和企业的老板、人力资源主管参加，此外邀请工会代表、专业咨询专家和专业教师等相关人士列席。对专业社会需求、课程内容进行讨论，提出改进意见。此外，学校教师还和专业指导委员会成员保持经常性的联系，就行业和专业的新动态进行交流。

三 社区学院的功能与办学特色

社区学院的功能主要包括五个方面，即转学教育、职业教育、一般教育、补偿教育和社区教育。由于社区学院入学门槛低、没有入学考试、学费低廉、教学内容立足求职就业与社区需求、学制灵活、出口多元，所以对学生的多元学习选择、全民的终身教育以及公民再就业教育都起到了很重要的作用。尤其在美国经济状况不好的时候，一些失业人员会选择进入社区学院修一个新学历，以利再就业。社区学院毕业的学生，还可以选择进入大学继续深造。具体来说，其办学特色体现在以下五个方面。

（一）入学门槛低，上课时间灵活

社区学院的入学机会对所有人开放。无论是高中毕业生、在职人员、失业人员、残疾人员，还是家庭妇女、退休人员，只要有学习愿望，都可以凭借中学毕业文凭或同等学力免试入学。社区学院基本上是全天向学生开放，包括白天、晚上、周末、假日等，学生可根据自己的实际情况选择合适的上课时间。而且学生一旦注册入学，学院就要为其提供包括辅导、学业指导和经济援助等服务。很多学院还提供幼儿护理服务和远程教育课程。美国社区学院的独特之处在于：它们宁可成为学生提供取得必需的先决条件的途径，而不能将不具备这些先决条件的人拒之门外。

(二) 教学方式灵活，教学内容多样

社区学院所提供的课程主要以转学课程和职业课程为主。转学课程（College Transfer Program）是专门为以后想继续申请四年制大学的学生设计的，学生可以在社区学院上大学前两年的通识课程，毕业时，学校会颁发副学士学位（associate degree），所修的学分也是被四年制大学所承认的。如果学生想继续深造进修，可以转读四年制大学，直接申请报读大三的课程，继续后两年的大学课程，取得学士学位。根据加州社区学院资料显示，2002年美国加州大学（UC）系统获得学士学位的学生中，28.4%的学生是由社区学院转读；而同年加州州立大学（CSU）系统获得学士学位的学生中，58.2%的学生则是由社区学院转读而来的。

职业课程则比较贴近当地的职业需求和升学需求。由于其对象是那些在职进修或想学得一技之长的人，职业课程常常包罗万象，有的社区学院甚至开设了上千种职业课程。社区学院通常与当地的工商业界建立有良好的关系，有时候学校会邀请公司企业的主管或专业人员来讲课，提供非常实际和最新的信息与知识。在社区学院，无论是希望和需要得到迅速帮助就业的学生，还是渴求在较长时间学习培训后从事理想职业的学生，都可以选到合适的课程。为帮助学生决定选择哪一类课程，社区学院里通常都设有顾问，为学生在选学课程安排方面提供建议和帮助。

在教学模式上，社区学院的职业教育强调教学与生产实践相结合，各专业系科的实践课程学时占总学时的50%或更多。实践课程由学院和企业派专人指导，学生必须到实际岗位上参加生产劳动，参加实习的学生可获得一定的报酬，企业可从实习生中物色雇员人选，对表现突出的学生可直接录用。有些社区学院的职业教育实行合作教育计划，学生可到与所学专业密切结合的工商企业等机构工作，使学习的内容在实际工作中得到应用和巩固，并学到新的经验。这类学生往往利用假期参加实习工作，并不延长学习年限。

（三）课程面向社区，服务当地经济

社区学院设立的初衷就是面向社区，围绕社区经济发展需要设置专业和课程是它长盛不衰的奥妙所在。如果毗邻大的制药公司，社区学院在环境科学和化学课程方面往往比较强；如果邻居是计算机厂家，社区学院往往会着重开设电子信息技术方面的课程。例如，美国威斯康星州是农业大州，制造业也很发达，所以综合农业、农用机械、农产品加工、饲料等专业一直是该州社区学院的专业强项。此外，很多社区学院还根据社区的需要，提供康乐、社会以及文化方面的课程和活动。

（四）专业技术实用，学习费用低廉

由于社区学院很多专业和课程都是在充分的社会调查基础上确定的，因此教学工作的针对性非常强，毕业生能够掌握基本的生产劳动技能，动手能力强，有好的劳动习惯，能直接上岗，很受社会欢迎。同时，与研究型大学相比，社区学院的学费非常低廉。全美平均来说，公立社区学院每年的学费和杂费约占四年制州立大学的1/3强，比私立大学便宜将近80%。而且学生还可以选学单科课程，收益很高。

（五）符合教育潮流，适合终身学习

随着经济全球化趋势的推进，"活到老、学到老"的理念已经越来越深入人心。人们把学习看成一个终身过程，社区学院的优势日益明显。社区学院能够提供几乎是无限的学分和非学分课程、活动以及计划。无论是学习新的工作技能还是提高现有的技术，都可以随时通过社区学院完成。近年来，越来越多的大学生在完成了硕士课程或其他高等学位课程后返回社区学院继续进修。据统计，美国社区学院40岁及其以上的学生占到了在校生总数的16%。

四 社区学院存在的问题及解决

美国社区学院尽管有着很多其他教育机构不具备的优势，但其本身也存在教学设施和师资相对薄弱，学生程度参差不齐、流动性大等问题。目前社区学院面临的最大挑战是经费不足。

社区学院主要经费来源是市、州和联邦政府的财政拨款。20世纪90年代以来美国高等教育的市场化改革导致了社区学院的财政困难。政府对包括教育在内的公共事业的财政预算支出减少，导致社区学院学生贷款比例的增加。21世纪初的全球性金融危机又加剧了这一困难。财政紧缩政策对社区学院的直接影响是在贷款比例升高的同时得到主要助学金（如佩尔助学金）的人数减少，导致越来越多的美国学生选择就读学费较为低廉的社区大学。一些失业者也希望在社区大学继续深造，为再就业做准备。这两方面都加重了社区学院的财政压力，使社区学院经费不足的问题日益突出。

在美国，大专文凭的岗位需要增长速度至少是不需要高等教育学历工作岗位增速的两倍。"如果少了社区学院提供的相关职业培训，则无法适应这种需求。"奥巴马总统要求所有的美国工薪阶层的人，至少要有一年的大学学历或职业训练，他说："要想提高全民教育水平,关键在于对下层民众的关心,而不是只追求高层。所以社区学院在其中扮演重要角色。"他希望社区学院能成为"美国重新站起来的关键"。美国朝野对社区学院寄予了厚望。为此,奥巴马政府社区学院新政的内容是增加120亿美元的办学经费投向社区学院,其中近30亿美元用来翻修和新建社区学院校舍,更新教学设施、教学方案和开发在线课程,让更多偏远地区的学生享受优质教育机会。为解决社区学院辍学率高的难题,计划还将设立学生跟踪评估系统,督促他们顺利完成学业,取得大专文凭。计划旨在到2020年,每年从美国社区学院毕业或者获得结业证书的学生总数,将达到1100万。新计划将使社区学院成为数百万大学生职业生涯的起点,帮助他们在接受高等教育道路上迈出坚实一步,提高美国在国际市场上的竞争力,使美国保持大学生比例最高国家的地位。

五 美国社区学院的改革措施

为了更好地应对经济全球化和知识经济社会的挑战,美国社区学院也在不断进行改革。近期比较明显的变化有三点。

(一)在观念上重新定义了职业能力

该观念认为职业能力不再局限于具体岗位的专门知识与技能,而是多种能力和品质的综合体现。新职业能力观重视个人品质在职业活动中的作用,它把人际交往能力、合作共事能力、组织规划能力、解决问题能力、创新创业能力等作为职业能力的重要构件。新职业能力观着眼于技术手段、生产模式的变动性和劳动者的职业流动性,强调学习能力的培养,旨在为个人终身学习奠定基础。在新的职业能力观的框架下,一些社区学院开始建设科学训练中心,开展教师训练,力图把更宽厚的学术知识和较高的操作技能传授给学生,使受教育者能以较宽厚的基础和实力去迎接未来多变多元的劳动世界。

(二) 注重创业能力培养

美国社区学院非常重视青年学生就业能力、创业能力和适应能力的培养。学院不仅开设相关的创业理论和实践课程,培养学生的创业意识和精神,鼓励自主就业,还为青年创办企业提供宽松的政策环境。随着动态环境的不确定性变化,传统的教育训练已不足以应付挑战。专注于价值、态度、创新及结果的教育和训练相比于传统教育的专注于知识、技巧、能力与工作绩效的教育和训练更为迅捷有效。

(三) 探索新形式增强社区学院的竞争力

校际联盟是20世纪末美国社区学院在新形势下为更好地参与竞争进行的一种创新。它是由两个或两个以上的社区学院、高等院校以及中学或其他教育机构组成的松散型合作组织,旨在实现教育资源的共享,形成竞争优势。社区学院的校际联盟主要包括三种模式,即垂直合作模式(社区学院与大学的合作模式、社区学院与中学的合作模式)、水平合作模式(社区学院之间的合作模式)、混合合作模式(公立和私立社区学院之间的合作模式)。这种创新对美国社区学院的发展产生了重大影响。

首先,在社区学院与大学的合作模式中,校际联盟能够对两类学校取长补短,大学有足够的教师和资源为非传统学生提供专业的课程,而社区学院可以为大多数的学生提供价格低廉的教育服务。社区学院全、兼职教师中,具有硕士以上学历的分别占到了84%和51%。不少教师来自附近的大学。聘请附近大学的教师一方面有助于降低办学成本、提高教学质量;另一方面也为就读学生下一步进入这些大学学习提供了便利。

其次,在社区学院和中学的合作中,社区学院可以承担中学教师培训、为美国中学生提供从中学到大学的衔接以及为当地社区学生提供补偿教育，而中学也能够为社区学院提供足够的生源，两者的发展互为补充，各取所需。

最后，如前所述，在社区学院与社区学院的联盟合作模式中，学院和学院之间的关系超越了学校合并给学校带来的束缚，给各个学院都带来了新的发展机遇。联盟把原本互相竞争，甚至是互相争夺资源的社区学院统一起来，优势互补，相互学习，避免恶性竞争，给社区学院的发展注入了新的活力，是一种很值得借鉴的发展方式。

美国社区学院自创建以来，凭借对经济发展的独特贡献而逐步确立了不可替代的地位。一般来说，每到经济危机严重、失业率直线上升的时候，进入社区学院学习都是人们学习新技能、准备再就业的最佳途径。美国教育发展中心在一份报告中指出："美国未来经济的成功，基于对两年制大学的投资状况。"美国教育部部长阿恩·邓肯也指出："办好两年制大学，是使美国重新站起来的关键。"美国总统奥巴马选择了加州迪安萨社区学院学区总校长玛莎·坎特担任美国教育部副部长分管高等教育，表明了社区学院在美国高等教育系统中的地位越来越重要。以发展社区学院作为突破口来重振高等教育，进而振兴美国经济，已经成为美国政府应对金融危机的一项重要的国家战略。

第二节 欧洲的"职社融合"发展情况

一 德国高职教育的社区服务模式[①]

德国高等职业教育最早可追溯到 20 世纪初设立的国民高等

[①] 汪全胜：《德国高等职业教育的社区服务模式探讨》，《继续教育研究》2009 年第 10 期。

学校，但其发展相对缓慢。近代洪堡确立的新人文主义的大学理念，在很大程度上制约了德国职业教育尤其是高等职业教育的发展。第二次世界大战结束后，德国经济发展所需要的技术性人才、应用型人才短缺，加之原有中等职业教育层次低，学生毕业后知识不能满足社会要求。因此，当时联邦德国许多行业缺少高级技术人才。为了解决中高级技术人才的短缺问题，1968年，联邦德国各州通过了《联邦德国各州统一专科学校的规定》，规定各州把工程学校与其他经济管理、社会管理、设计和农业等高校职业教育合并，建立高等专科学校。1976年的《联邦德国高等教育结构法》把高等专科学校提高到与大学及大学类高校同一层次上，为高等专科学校的发展提供了法律制度保障。在现代德国，行政管理高等专科学校、职业学院、高等专科学校构成了德国高等职业教育的体系。1976年和1985年联邦议会通过的《德国高等教育法》进一步确认了高职高专教育是联邦德国高等教育的一种类型，并明确规定了其在高等教育中的地位。将高等职业教育的功能拓展到社区，或者说将高等职业教育与社区教育的结合，应当归结为德国"终身学习"理念与政策的确立。这种理念与政策的确立最早可追溯到20世纪70年代。1970年，德国教育审议会制订的《教育制度结构计划》就明确指出，终身学习是社会、科技与经济发展的关键因素，并提出了终身学习的原则。进入90年代，德国政府又大力推进终身学习的理念。在《未来的教育政策：教育2000》中，联邦议会不仅强调发展继续教育的重要性，同时还将其具体扩展为教育的第四领域。1994年，德国联邦议会提出《联邦法令规章与全国扩展继续教育成为第四教育领域基本原则》，再次明确继续教育是国家"第四教育领域"。1998年提出的《终身学习的新基础：继续扩展为第四教育领域》延续以前的政策，并且将继续教育的拓展与合作作为国际交流的政策。德国联邦教育与研究部在 1998 年发表了《知识社会的潜力与层面教育过程与结构的影响》报告书。根据报告书，德国终身学习的发展政策与未来趋势有以下几方面：①促进与欧洲及国际的教育交流合作；②发展自我导向的终身学习；③构建现代化的虚拟学习环境；④开展学习科技与学校网络教育。2000 年联邦议会提出的《全民终身学习：扩展与强化继续教育》明确表示，全民终身学习是未来德国教育发展与革新的主要目标，进而提出了许多关于推动终身学习与拓展继续教育的策略。至此，德国的终身学习的理念与政策已经基本形成。在德国，高等职业教育是指完成第一阶段学业或从事职业工作后，继续或重新进行学习的过程，是终身教育的主体构成部分。正由于高等职业教育所承载的"终身教育"功能，又由于高等职业教育机构的普及与扩张，成为德国社区教育的主要的与重要的载体。

（一）德国高职教育社区服务模式的功能

德国高等职业教育的最早法律规制是 1969 年 8 月联邦德国颁布的职业教育的基本法，即《联邦职业教育法》；1981 年又颁布了职业教育的配套法《联邦职业教育促进法》；现行的职业教育法是 2005 年 4 月 1 日颁布并实施的《联邦职业教育法》，是对以上两部法律合并并加以修订而成。根据该法第 1 条的规定，联邦职业教育包括职业准备教育、职业教育、职业进修教育以及职业改行教育。确立每项教育的具体目标。"职业准备教育的目标，是通过传授获取职业行动能力的基础内容，从而进入国家认可的教育职业的职业教育。""职业教育旨在针对不断变化的劳动环境，通过规范的教育过程传授符合要求的、进行职业活动必需的职业技能、知识和能力（职业行动能力）。它还应使获得必要的职业经验成为可能。""职业进修教育应提供保持、适应或扩展职业行动能力及职业升迁的可能性。""职业改行教育应传授从事另一职业的能力。"将德国高等职业教育的社区服务模式的功能归结为以上四个方面又不全面,在德国承担高等职业教育的机构不同,承载的功能也有差别。现行德国高等职业教育的实施机构主要有：①国民高等学校,它是德国规模最大、影响也最大的成人教育、终身教育的高等职业教育机构。②工会高等职业教育机构。德国工会的两大总协会德国工会联合会和德国职员工会掌握着大部分的成人及高等职业教育机构。③企业高等职业教育机构。④宗教高等职业教育机构。⑤高等学校。按照《高校框架法》的规定,大学及其他高校机构有义务承担高等职业、成人教育。⑥函授大学。

　　德国各类高等职业教育机构的社区服务功能,主要集中在以下方面：①补偿教育的功能,即使进入职业生涯前未能达到某种学历和资格的从业人员,通过高等学校、电视学校、广播院、函授大学等实施的高等职业教育得到补偿。②适应性继续教育的功能,即通过继续教育,使劳动者掌握的职业能力保持在最新的水平上,以适应不断变化与升级的职业要求。③横向拓宽职业技能的功能,即增加与原有职业技能同一水平的另一种职业技能,以加强就业的安全性。同时为职业晋升提供一定的可能性。④升级教育的功能,即帮助在职人员承担某种在知识、观点、智能等方面要求更高的职业,从而改善职工现有的职业地位。⑤转业（岗）培训的功能,即对从事某种职业的人进行另一种与原职业技能不同的新的职业训练,以使其具备转业资格。这项培训主要是针对失业者的培训,通常培训的时间为一年。⑥恢复职业能力的教育功能,这是帮助那些因某些事故或疾病所造成的身体、智力或心灵损害而失去正常工作和生活能力的人重新进入职业生活的职业教育。

（二）德国高职教育社区服务模式的教学实施

在基本理念上，德国高等职业教育的社区服务模式强调两个面向，即"面向学员，面向生活"。"面向学员"是指教学中以学员为主体，具体体现在：①在进行教学规划时要考虑学员的先决条件，使其先决条件同学习要求相符合；②学习过程中要考虑个人的主观条件和社会经历；③学员在课堂上要求扮演积极的角色，以自控的方式获得知识。教师从讲课者变成学习助手，激发学员学习的动机，养成和提高成人的自学策略。"面向生活"是指教学要联系实际生活，从高等职业教育教学单纯追求知识习得的工具理性主义转向追求学员个体的充分发展。学习内容、学习过程、学习方式等都要与实际的生活世界相结合，尤其要注重学员实践能力的培养，教学要以学员的能力发展为目标。在教学范式上，德国高等职业教育倡导"双元制"。德国高等职业教育的"双元制"成为德国职业教育的特色，也使得德国高等职业教育享誉世界。"所谓双元制职业教育，就是指一方面接受职业教育的年轻人要在职业教育企业或跨企业的培训机构里学习相应职业的实践性知识和培养从业能力，另一方面要在公立职业学校接受普通文化教育和职业专业理论教育。"在实践操作中，有不同的实施方式。一般来讲，在职业学院实施的双元制教学方式是这样的：在进行企业实习工作之前，学生需要接受大量的理论培训，职业学院将职业相关的理论内容与学习方法和复杂的实际课题结合在一起。学生在职业学院以企业实践内容作为课程学习的基准，通过学习掌握职业技能。学生一般每周在企业里接受3—4天的实践教育，在职业学院每周接受1—2天的理论教育。双元制高等职业教育模式在德国取得很大的成功，进而引用到社区的职业教育与培训上来。因为高等职业教育的社区服务定位不同，高等职业教育的教学范式也有差别，双元制职业教育一般是在拓宽职业技能、转岗培训上发挥作用，一些类型的高等职业教育教学范式灵活。在课程设置上，因不同类型的高等职业教育机构而有着差别，如双元制职业学院重在职业技能的培养，所以课程的设置围绕技能的培养，具体体现在课程结构的宽基础、课程内容的实用性、课程编排的整合性、课程比例的实践性等。当然，在社区服务上，可能要考虑社区的人居情况、职业类型、课程需求等，设置灵活一些的课程。以德国国民高等学校为例，"它提供的课程丰富多样，达到了无所不包的程度。在课程数量上，1965年，德国的民众高等学校开设的课程只有77837个，1975年也只有195546个，而1984年达到了334993个。20世纪90年代，民众高等学校每年举行讲座、学习班和报告会约30多万次，课时超过950万"。德国的国民高等学校通过不同类型的教学活动来满足学习者不同的学习目标：适应本地实际需要的课程、系统的标准课程（国民高等学校证书学习）、参加正式组织的国家级水平考试、具有当地模式特点的教学、按学习者意愿与需求采用的教学方法等，学习的过程由学员来定。因此，德国高等职业教育拓展到社区，既发展了高等职业教育，又为社区提供了满足它所需要的终身学习的需求。

（三）德国高职教育社区服务模式的制度保障

德国高等职业教育的发展乃至德国高等职业教育到社区的渗透，都有着一系列的国家立法及州立法的保障。早在1925年，德国技术委员会就颁布法律，规定实施职业义务教育。1968年，联邦德国各州通过了《联邦德国各州统一专科学校的规定》，规定各州把工程学校与其他从事经济管理、社会管理、设计和农业等高等职业教育学校合并，建立高等专科学校。1969年，联邦德国公布了《职业教育法》，对职业培训及国家用于职业教育方面的投入做了详细规定。1969年联邦通过的《劳工促进法》规定了职业教育关于大部分经费来源、进修设备和推动建立进修机构方面的方针。1972年颁布的《企业宪法》也促进了职业继续教育的发展。该法规定，职业技术教育是劳资双方的利益，企业必须予以资助。1972年通过《企业基本法》对企业实施职业培训做了规定；1972年通过的《实训教师资格条例》对职业教育的教师资格做了严格规定。1981年又出台《职业教育促进法》，对联邦、各州、企业等对职业教育的促进所应承担的义务进行规定。1976年颁布的《高校常规法》规定，大学有义务积极参与继续教育的活动。一些大学相继成立了"校外讲座中心"及"继续教育中心"，通过这些机构来实施高等职业教育以及成人教育计划。1976年，联邦议会通过《联邦德国高等教育结构法》，把高等专科学校提高到与大学及大学类高校同一层次上。另外，联邦还制定了《劳工促进法》《远距离教育保护法》《继续教育/成人教育法》等法律法规对高等职业教育提供制度保障。同样，联邦各州也在自己的立法权限范围内制定大量的法律，保障高等职业教育社区服务模式的形成与实施。当然，从具体制度上，有以下两个方面值得强调。

1. 高等职业教育的社区服务模式的管理体制

德国联邦、州及地方在高等职业教育事业中表现出多元化的管理特点，以州的管理为主，联邦则多方参与，地方负责具体事宜，三级权力互相渗透，共同促进高等职业教育事业的发展。《联邦德国宪法》中规定州的管理职能为："负责普通成人教育；颁发成人教育证书，负责一些高校的成人教育管理以及某些政治教育与职业教育。"联邦的管理职能体现在："负责学校以外的职业培训，制定高校成人教育发展策略，制定远程学习课程的保护性条款，负责政治教育的研究和实验性成人教育项目，负责成人教育的国际交流与合作（包括与欧盟的合作）。"《联邦德国宪法》规定，州主要负责学校内部事务，地方主要负责学校外部事务。地方根据本地区的具体情况，制订成人教育的发展计划，开办各种职业教育学校、图书馆、网络课程培训等。当然，在各州高等职业教育管理的协调上以及联邦高等职业教育的发展战略与规划上，联邦拥有一般原则的立法权。

2. 高等职业教育的社区服务模式的经费投入

高等职业教育的发展离不开经费投入，没有合理的经费投入，高等职业教育就无从发展。德国高等职业教育向社区渗透，离不开经费的支持。德国高等职业教育的社区服务模式的经费投入有怎样的制度保障呢？如前所述，德国联邦甚至各州通过一系列的立法将高等职业教育的服务于社区的经费投入做了规定。德国高等职业教育经费具有多种筹措渠道，如参加者缴费、承办机构出资、企业投入、联邦或州的补贴等。企业内的员工教育往往由雇主自行筹资；私立高等职业教育机构则通过参加者缴费来满足经费需求。如果参加高等职业教育是为了职业深造，参加者可以获得免税。另外，多数得到公共认可与资助的高等职业教育机构对某些弱势群体，如大学生、失业者，提供费用减免。联邦或州政府对于高等职业教育的资助主要采取补贴或免税的方式进行，而高等职业教育机构也可以向联邦或州提出办学项目的经费申请等。

二 北欧的社区教育

（一）北欧的社区教育理念

19世纪中叶，资本主义国家社会化大生产、城市化运动、工人运动逐渐兴起，在很大程度上提高了广大人民群众的政治意识，也使人们的生活理念发生了变化，极大地推动了民众教育的发展。丹麦的柯隆威是民众中学和现代社区教育运动的创始人。

他生活在民族危机与社会矛盾加剧的时代，在目睹国土沦丧、民不聊生的凄凉后，提出了"失之于外，须自求补偿于内"的口号，强调应通过教育来激发广大人民群众的民族精神，以达到民族自强的目的。他认为："教育是一种精神的激励和心灵的启迪，目的在于解除思想的束缚，追求个人的发展。"主张用人文主义的精神生活来弥补民众受教育太少的缺陷，强调把民众中学办成"为生活而设立的学校"。现代民众中学至今仍然以唤醒民族意识为主要目标，认为各种知识的传授与生活技能的学习并不应成为教育的主要目标，而健康人格的培养才应是学校开展各项教育工作的首要目标。北欧民众教育是在教育水平低下、广大民众无法享受高等教育的情况下产生并发展起来的，其目的是保障每个人学习知识、获得发展的权利，最终实现教育平等。时至今日，民众教育虽然向社会上所有公民开放，但主要还是面向那些接受正规教育不足的人群。崇尚人文精神、关注弱势群体的传统对北欧各国的教育乃至其他领域都产生了极其深远的影响。瑞典桑兹维尔地区民众中学的校长奥克松认为，发展人的责任感和公民意识比记住一些课本知识更为重要。在丹麦，民众教育提倡的人文精神已经渗透到了社会生活的方方面面，尤其体现在关注广大弱势群体方面。女王玛格丽特曾在新年献词中呼吁人们"同情和帮助社会中的弱者"。另外，丹麦政府还把"在人们需要帮助时不能置之不理"作为社会立法的主导思想。由上可知，人文主义理念已成为北欧国家社区教育的特色，其成功之处在于关注底层民众的教育状况和生活状况，体现了教育的人文关怀，具有坚实的群众基础。

（二）北欧社区教育管理模式

北欧的社区教育管理是自治型的。在这种模式中，政府并不直接介入社区教育的管理，而是通过立法和财政拨款等方式来支持社区教育的发展。以瑞典为例来说明北欧地区的民众教育管理模式。在瑞典，政府并不直接对民众教育进行管理，只是在相关的法律文件中明确规定了政府应对民众教育予以经费上的支持，并指出拨款的目的主要是：增强人们影响自身生活的能力、培养人们对社会的责任感、推进民主社会的建设以及丰富人们的经验等。虽然瑞典的国家成人教育委员会是民众教育的管理机构，但也只是负责向民众教育组织（民众中学和研究协会）拨付经费以及对其所开展的教育情况进行评估，通过这种方式达到间接管理的目的。民众中学作为实施民众教育的主要组织之一，并没有统一的课程大纲，它们可以根据自身以及受教育群体的情况来选择教育内容、确定教育方式。这种运行机制充分体现了民众教育"自由、自愿"的特色。总之，北欧社区教育的管理呈现出极大的自治性。社区教育的目标、内容、形式以及微观管理主要受"市场"调节，由社区教育的各实施组织决定。

（三）北欧的社区教育实施组织

在北欧地区，民众中学、研究协会、公办正规的成人学校是开展民众教育的主要组织，在民众教育中发挥着积极的作用。

1. 民众中学

丹麦的柯隆威于1844年在罗亭创办了世界上第一所民众中学。之后，民众中学在北欧地区广泛开展，逐渐成为北欧地区实施民众教育的核心力量。早期的民众中学，只是为农村地区的青年提供接受初等教育的一种寄宿制成人学校。随着北欧各国社会经济的发展，这类学校的教育层次不断提高，课程类型也更加多样。经过多年的发展，北欧民众中学形成了三大突出特征：①教育目标突出人文性，不以知识与技能的学习为重心，而将人格的培养置于各项教育工作的首位。②享有最大限度的办学自主权，学校教学活动的开展不受政府的直接控制。③开设的课程多种多样。与此同时，学生在学习某些课程后，还可以获得进入大学学习的资格。瑞典的民众中学起步较晚，但其发展却独具特色。目前，瑞典共有148所民众中学，这些学校主要为那些接受正规教育较少的成年人提供学习机会，其课程内容层次多样、类型各异。

2. 研究协会

各种研究协会是开展民众教育的重要组织。目前，瑞典共有九个研究协会，主要通过学习小组、文化活动等多种形式来开展教育活动。在研究协会开展的各种教育活动中，学习小组一般会得到国家财政上的大力支持，成为自由组合开展民众教育的一种独特形式。瑞典的《成人教育法》对学习小组做了如下定义："一群朋友在有计划的基础上对预先规定的科目和课题进行共同学习。"学习小组由群众自由组合，采用自学和研讨的学习形式，学习的内容和方式由参与者自行决定，参与者之间互相帮助、共同交流，在一种宽松、合作的氛围中开展各种学习活动。一个学习小组通常由5—20名成员组成，一般一周进行一次2—3小时的聚会，持续时间为2—3个月。学习小组的组长由大家推选产生，组织学习并与所属的成人教育协会沟通。

3. 公办正规的地方成人学校

自20世纪60年代起，随着经济的快速发展和社区的不断完善，人们的教育需求逐渐增加，越来越多的青年和成年人开始参与到各类成人教育活动中。这时的民众中学已不再满足地方经济、社会发展对教育的要求。在这种情况下，北欧各国政府开始创办正规的成人教育，对小学高年级、初中、高中以及高中后教育的教学内容、考试方法等进行修订，以满足不同年龄阶段、不同文化层次成人的学习需求。较为典型的成人教育学校主要有丹麦的城市青年学校、寄宿补习学校和继续教育学院，冰岛的市政夜校，芬兰的市民学校和工人学校等。这些学校立足于当地经济、社会发展的实际，开展各类教育项目，具有浓厚的地方特色。

第三节 亚洲地区"职社融合"情况

一 日本的社区教育
（一）日本的社区教育理念

日本和中国的社会制度不同，教育制度也不同。但日本和我国一样，也习惯于把教育分为三大类，即家庭教育、学校教育和社会教育。日本的社会教育含义具有区域性和公共性两大特性，实际上就是我国所指的社区教育。因此日本的社区教育也即日本的社会教育。日本的社区教育理念主要体现在民众教化方面，其目标主要是振奋国民精神、培养国民性格。在教育内容上侧重政治教育和社会文化教育，注重"教化"和"教养"功能的发挥，同时也强调了国家对社区教育所应承担的责任和义务。在 19 世纪后期到 20 世纪前 25 年这段时间里，为了在激烈的国际竞争中赢得主动地位，日本将教育重点放在了通过教育团结整个民族上面。自 1919 年起，在全国大范围实施"公共讲座教育计划"。1923 年，全国各地普遍开设了公民教育课程。这些措施的实施取得了良好的成效，极大地提高了国民的素质。在二战期间，日本发动了一场名为"提倡民族精神总动员"的运动，社会教育局也于 1942 年并入宣传局，沦为宣传战争政策的工具。1945 年后，为了发展社区教育事业，日本又重新组建社会教育局。通过考察日本社区教育的发展历史，为国家培养合格的公民、满足国家政治发展的需要是其发展的重心所在。

（二）日本的社区教育管理模式

日本的社区教育管理模式是典型的混合型模式。一方面，日本的社区教育具有较强的行政色彩。在国家、都道府县和市町村都设有相应的分管社区教育的部门。在国家层面上，社区教育主要由终身教育局主管，体育局中的体育课、终身运动课和竞技运动课，文化厅的文化部和文化遗产部等机构也涉及社区教育管理方面的工作。在地方层面上，都道府县和市町村的教育委员会一般都设立了社区教育行政部门，具体负责社区教育的管理工作。另一方面，日本的社区教育又具有自治的一面。以公民馆为例，它遵循"自治"的原则由社区居民自主策划、自主实施各项活动。学习者在参与过程中，形成了具有自主性质的团体，并以这种团体为单位独立开展各种文化教育活动。

（三）日本的社区教育实施组织

日本的社区教育组织多种多样，遍布全国各地，主要有公民馆、图书馆、博物馆、文化馆、青年之家、少年自然之家、妇女会馆等。这些组织是开展社区教育的主要基地。

1. 公民馆

日本的公民馆是由政府投资兴建的多功能社会文化活动中心，是一种培养合格公民的场所。公民馆的创建始于日本战败后的1946年，是实践民主理念、振兴地区产业的主要基地。1949年颁布的《社会教育法》明确规定了创办公民馆的目的："为市町村或某一特定地域的居民结合其实际生活进行教育、学术、文化方面的活动，以使居民提高教养、增强健康、陶冶情操、振兴生活和文化，充实社会福利。"公民馆经过多年的发展，形成了非营利性、非党派性和非宗教性的鲜明特色，在社区教育中发挥着重要的作用。到2004年，日本全国共建有公民馆18257所，覆盖面广，其普及率仅次于小学。公民馆作为日本独有的社区教育组织，其开展的活动主要包含情操陶冶、体育健身、家庭教育、职业技能教育、市民意识和社会归属感培养等方面的内容。

主要是通过以下几种形式开展的:举办各种内容的讲座、讨论会、讲演会、讲习会、展览会等;组织各类文化娱乐活动、体育活动并举办相关的集会;将自身的各种教育资源向社区居民开放。

2. 其他社会教育组织

图书馆:向广大民众开放馆内的各种资料;主办读书会、研究会、鉴赏会、资料展览会等;向公众介绍、提供各类时事信息;与各类学校、公民馆、博物馆、文化馆等组织、机构进行密切的联系与合作,开展社区教育活动等。

博物馆:向广大民众展出其保存的各种实物、模型、标本、文献、图表、电影、录音等资料;开展专业性、技术性研究;与学校、公民馆、图书馆及其他学术组织或文化机构进行合作,开展社区教育活动。

少年自然之家:主要面向正在接受义务教育的中小学生,通过野外活动提高他们对自然的认识,通过集体生活使中小学生获得集体生活的体验,促进他们的身心健康、和谐发展。

儿童文化中心:大力普及科学文化知识,对少年儿童进行情感教育,促进其身心健康成长。

青年之家:主要面向接受义务教育后到25岁左右这一年龄段的青年,通过集体生活使其得到锻炼。

妇女会馆:主要针对妇女群体,以提高妇女的科学文化知识和职业技能水平为主要目的。

(四)日本的社区教育内容

日本的社区教育在社会生活中发挥着重要的作用,主要通过以下两方面的教育活动来实现其功能。

1. 青少年教育

为了提高青少年的生活能力,使其具备职业和家庭生活等方面的知识与技能，日本通过学级、讲座等方式来开展青少年教育。社区教育中的青少年教育以学生为中心，在教学过程中注重培养学生分析问题、解决问题的能力。另外，通过团体活动使学生学会与人沟通、与人合作。这种青少年教育旨在提高青少年的生活情趣和能力，掌握与之相关的知识、技能与方法。

2. 成人教育

日本的社区教育分为一般的成人教育、妇女教育和高龄者教育。一般的成人教育以成年男子为教育对象，妇女教育以成年女子为教育对象，高龄者教育则以老年人为教育对象。这些成人教育主要通过成人学级、讲座、函授等方式开展，具备较强的针对性，涉及居民文化素质、道德修养、家庭教育以及家庭生活等方面的教育内容。

二 新加坡的社区教育

（一）新加坡的社区教育理念

作为一个移民国家，多元文化共存是新加坡社会的一大显著特征。新加坡于1965年独立后，为了培养国民的民族意识，更好地进行国家建设和经济发展，新加坡政府进行了新加坡城的城市重建并实施了大规模的国民住宅计划。新加坡城的城市重建与国民住宅计划的深入开展使新加坡出现了各民族混合居住的局面。但这种通过政府力量强制建设的社区也存在诸多问题，如社区成员之间缺少联系与沟通，缺乏相互合作和相互关心，不利于居民社区意识和社区归属感的培养。为了改变这种状况，促进各民族之间的沟通与融合，新加坡政府建立了切实有效的社区管理体制，通过这种方式来加强政府与人民以及居民内部的联系。进入20世纪80年代，新加坡在经济建设方面取得了很大的成就。在这种情况下，精神文明建设作为一项重要工作纳入到社区建设的工作中。早在20世纪80年代初,新加坡总理李光耀就曾指出,如果只有物质生活上的富裕而没有精神上的凝聚力,国家就会失去精神的支柱,以致走向土崩瓦解。他大力呼吁应加强精神文明建设。在各级政府部门与相关领导人的重视下,新加坡的社区和社区中心逐渐发展成为开展思想文化建设、传播儒家文化的主要基地。综观新加坡社区教育的发展历程,各类社区教育活动与社区建设活动紧密融合、相互促进、共同发展。经过多年的发展,新加坡目前已经形成了以"提供服务、满足需求、建立秩序"为宗旨的独具特色的社区教育与管理模式。

(二) 新加坡的社区教育管理模式

在新加坡,社区教育是政府主导型管理模式。由于社区教育融合在社区建设之中开展,因而,社区管理模式在一定程度上代表了社区教育管理模式。新加坡的社区管理是政府主导型的,这种模式既发挥了政府的行政优势,又充分调动了民间力量参与社区管理的积极性。政府在社区管理中的主导作用主要体现在以下几个方面:首先,政府在社区设立多种形式的派出机构,对各项社区事务进行管理;其次,在政府部门设立专门管理社区组织的机构,对社区事务自上而下地进行直接管理,政府机构权责明确、结构严密;再次,政府还通过任命社区组织领导者的方式对社区加以控制和影响;最后,虽然社区居民积极地参与社区建设和社区教育的各项活动,但却很少参与这些活动的发起、组织以及各项法规的起草与确立。

(三) 新加坡的社区教育实施组织

新加坡主要通过社区中心开展社区教育。社区中心设备完善,有演讲厅、运动场、图书室等,社区的工作人员受过严格的专业训练。为了满足不同年龄、不同层次、不同种族居民的各种学习需求,社区中心提供多种多样的文化教育课程。如休闲教育课程（如绘画、烹饪、美容、音乐等）、职业技能课程（如纺织、手工、纸花、室内设计、电脑等）。新加坡各地的社区中心积极配合民众教育组织开展工作，进行各类教育活动，社区教育迅速发展。

（四）新加坡的社区教育内容

为了满足不同年龄阶段、不同层次社区居民的学习需求，新加坡的社区中心开展丰富多彩的社会文化教育活动。

1. 满足老年群体的学习需求

新加坡主要通过乐龄俱乐部面向老年人开展社区教育活动，如退休者座谈会、茶会、生日舞会、三代同堂舞会、保健展览会等，使老年人的生活充满乐趣，促进家庭的和谐与社区的文明建设。新加坡是一个尊老爱老的社会，李光耀总理曾经大力宣传孝道。多年来，在每年的旧历新年，新加坡政府官员和国会议员都会亲临社区慰问老人，充分体现了新加坡尊重老人、关怀老人的优良传统。

2. 满足广大工人的学习需求

新加坡工会借鉴中国举办工人文化宫的做法，开展丰富多彩的文化活动。由于是工会主办的，因而只为工会会员提供服务。政府每年都为社区的文化活动提供大量的经费，以满足广大工人的需求，这项服务深受工人欢迎。

3. 满足青年人的学习需求

为了迎合青年人的学习需求和兴趣，新加坡成立了人民协会所属的青年运动组织，通过该组织举办各类文化、体育与健康、社区服务等活动，如书法、绘画、音乐、舞蹈、划船、球类等。为了培养青年人的管理能力，社区举办领导干部培训班。除此之外，社区还成立了社交促进组，开展各种社交活动，促进社区居民之间的社会交往。

4. 满足少年儿童的需求

人民协会所属的青年运动组织在开展青年运动之外，还为6—14岁少年儿童设立了儿童俱乐部，并开办幼儿班、托儿所。

第四节 我国台湾地区的社区教育[①]

20世纪下半叶，我国台湾地区在引进和吸收欧美国家社区教育发展的理念和经验的基础上，大力推进和实施社区教育，在理论和实践上取得迅速的发展，并创造了其独特的经验与模式。

一 我国台湾地区社区教育产生的背景

20世纪50年代，台湾经济起飞，生活日渐富裕，却造成了农业人口移往工业，乡村人口大量流失，农业社区活力衰退，乡村社区日渐萎缩。此时，为促进农村经济的繁荣和村民生活的改善，从1955年起台湾开始推行基层民生建设运动，包括生产建设、教育文化、社会福利和卫生保健，其中就包含着社区教育的内容。

受欧美国家社区教育发展的影响，60年代以后，台湾社区教育的理论研究和实践都逐渐得到重视，特别是1987年台湾政治解严，"社区"意识高涨，社区教育得到了迅速发展，并先后经历了四个关键事件：一是60年代推行的社区发展工作；二是1981年社区教育学会的成立；三是1994年"社区总体营造政策"的提出；四是1998年"迈向学习社会白皮书"的发布。台湾学者林振春指出，这四个事件既是按照社区教育发展的先后顺

[①] 蔡亮光：《台湾社区教育发展理念与模式及其对大陆的启示》，《发展研究》2010年第9期。

序排列的，代表了社区教育发展的依次推进；同时也是分别由不同的部门推行的。目前，这四个事件都处于深入发展的时期，并不断推进台湾社区教育的发展。当前，台湾社区教育的发展重心是在社区学院和社区大学，同时将终身教育的发展提到了相当的高度，视终身教育为教育发展的终极目标。从台湾社区教育发展背景来看，社区教育的发展是经济社会发展的需要，与经济社会发展紧密联系，并引进国际特别是欧美地区社区教育的理念和经验。同时可以看出，台湾社区教育传承了中华传统文化，诸如正心、修身、齐家、治国、平天下的教化思想以及古代书院传统等在现代社区教育中仍清晰可见，是中华文化教育在社区教育领域的一种表现。

二 我国台湾地区社区教育的发展历程

台湾社区教育的发展大致分为三个阶段：第一阶段为20世纪50年代至70年代，为促进农村经济的繁荣和村民生活的改善，台湾开展基层民生建设，内容包括生产建设、教育文化、社会福利和卫生保健等，以及推行社区发展工作，内容包括基础工程、生产福利及精神伦理建设等三项目标，这些内容即是台湾早期社区教育的内容。第二阶段为20世纪80年代，台湾社区发展步入以加强农村及边远地区的基层建设、提高农民所得为重点的稳步发展阶段。特别是1981年台湾成立社区教育学会，在开展社区教育研究活动的同时，注重加强学校与社区的联系，并结合社区与学校的力量推动社区教育的发展。第三阶段为20世纪90年代至今，台湾加快了社会教育化和教育终身化的步伐，不断探索以社区为载体实施终身学习的途径。其中1994年台湾提出的"社区总体营造"政策，强调现代社区应以民众为主体，形成了全民共识与全民参与的局面。为进一步推动全民终身学习的实施,台湾"教育部"将1998年定为"终身学习年",并发布"迈向学习社会白皮书",对终身学习的重要性做了政策性的阐述,这是台湾推动终身教育、迈向学习型社会的一个新里程碑。从发展阶段看,经过半个世纪的推行,台湾社区教育在理论研究和实践探索上得到重视,社区教育呈现出阶段性推进并快速发展的态势。台湾社区教育十分注重与社区建设(社区营造)相结合,通过社区教育促进社区的建设和发展。从理论与实践的关系角度看,台湾社区教育较多地借鉴欧美国家社区教育发展的理论和成功经验,依靠民间推动、政府支持,视社区教育为解决社区发展问题的手段,并注重对社区教育的实验性、实证性研究,如台湾中正大学张菀珍教授曾亲自到嘉义县开展社区教育的实证研究和探索。但在注重实际研究与田野研究的同时,台湾社区教育存在基础理论研究不足的问题。台湾学者林振春指出,由于视"社区教育是一种社会需求下的教育实践,无须有太高深的理论基础",导致台湾社区教育的基础理论研究滞后于实践过程。

三 我国台湾地区的社区教育概念与范畴

台湾对社区教育的定义是不断发展的,其理论和实践较多借鉴欧美国家社区教育的理论和成功经验,并在社区教育的实践中,不断对之进行新的阐释。台湾社区教育学者普遍认为,社区教育是一种过程,社区发展的过程即是社区教育的过程。在洪秀容、王秋绒两位学者研究的基础上,1999年台湾社区教育学者林振春将社区教育定义为:①社区教育是一种过程,教育或学习的过程,社区的发展过程就是社区教育的过程;②社区教育是一连串的活动,不论是正规或非正规的教育活动,不管是有形或无形的活动,具体或广泛性的学习活动;③社区教育是一个工作的园地，是个理念的园地；④社区教育是一门专业，若想让社区得到正常的发展，让社区民众可以得到较好的学习，要设计比较弹性的方案，故社区教育势必是一门专业。林振春的这一社区教育的定义，基本上被台湾的社区教育学者认同，是较为一致的看法。从以上定义可见，台湾社区教育有以下一些特性：区域性、多元性、多样性、草根性、民主性和资源性等。从台湾社区教育的概念与范畴看，很重要的一点是其体现了浓厚的平民化、草根性色彩。台湾社区大学是社区教育的主要组织机构，从黄武雄教授关于社区大学"解放知识，改造社区，建设公民社会"的办学理念看，也充分体现了社区教育的社区属性和平民属性。此外，台湾社区教育注重非正规、非正式教育与正规教育的融合，目的是为推动终身教育、终身学习的发展，提高公民素质，促进社会建设，建构"公民社会"。此外，台湾对社区教育概念的界定上，把社区发展过程视为社区教育的过程，属社区发展的范畴。

四　台湾社区教育的体制机制

台湾的"终身学习法"对台湾社区大学做了明确规定：社区大学系指在正规教育体制外，由直辖市、县市主管机关自行或委托办理，提供社区民众终身学习活动之教育机构。直辖市、县市主管机关为推展终身学习，提供国民生活智能及人文素养，培育现代社会公民，得依规定设置社区大学或委托办理之；其设置、组织、师资、课程、招生及其他相关事项，由各级政府自定之。台湾当局主管机关为激励公民参与终身学习意愿，对非正规教育的学习活动，建立学习成就认证制度，并作为入学采认或升迁考核的参据。前项学习成就认证制度的建立，应包括课程的认可、学习成就的采认、学分的有效期间、入学采认的条件及其他有关事项；其办法由台湾当局主管机关定之。各级政府应宽列预算，以推动终身学习活动。为均衡区域终身学习的发展，台湾当局主管机关对特殊需求区域及对象，应优先予以经费补助。依据"终身学习法"，台湾社区大学的经费除台湾当局给予支持外，还要通过其他途径筹集。而在社区大学开办初期，是由地方政府采取"公办民营"方式，补助经费给民间非营利团体办理。由此可见，台湾社区教育在体制上属公办民营，即政府主办、民间团体与机构经营。在管理机制、人员配备、投入保障等方面也是如此。在社区教育人员队伍上，以专业人士、义工为主，他们经常深入社区义务开展社区教育活动，促进学习型社区的建设。从体制机制统整的角度看，台湾社区教育缺乏强有力的整合政策与措施，相关部门之间难以协调与沟通，教育资源的整合与创造能力凸显不足。

五 台湾社区教育的组织机构

建立学习型社会已在台湾社会各界形成较为广泛的共识，参与社区教育的机构除了大量公立单位，还有大量民间组织的支持和参与，形成行政大力支持、社会各界广泛参与的社区教育发展格局。台湾从事社区教育的机构主要有：

（一）社区学院或社区大学[①]

社区大学是依"立法院"所制定的"终身学习法"所设立执行，并有民间的社团法人全国社区大学促进会协助办理。坐落于台北市的文山社区大学，成立于1998年9月28日，是台湾的第一所社区大学，目前共有近百所社区大学。社区学院和社区大学是台湾社区教育的重要机构，分别代表了台湾由政府或民间创办社区教育的模式。近年来，由于老年人口数量年年提升，许多

---

① 内容摘编自维基百科。

相关议题也逐渐浮现。例如，关于银发族的教育以及许多关于终身学习概念的提倡，"活到老，学到老"的口号近来不绝于耳。而社会教育提供平等的教育机会，开拓一个新的天地让民众提升其知识水平，有利于社会风气的改善与进步，同时又能兼顾邻里情谊。因此政府在许多中小学校园，借其场地、师资成立夜补校。许多人士的推动下，社区大学这样的教育机构也纷纷设立。这类教育机构更是成了社区的中心，以及连接社区与学校之间的桥梁！社区方面开始倡导"社区总体营造"，许多社区营造运动在各社区人士的积极参与下，正在陆陆续续蓬勃运作当中。在这样的社会背景之下，为了回应时代的变迁，社会所产生的新需求，"社区学院"的规划应运而生。1995年、1996年间，政府推动的"中华民国教育白皮书"以及"迈向学习社会白皮书"，同样提及了许多有关"学校社区化、社区学校化"的概念。期望能开展一个符合教育机会均等的理念以及终身教育目标的新学习空间。1999年通过"社区学院设置条例草案"，第1条就写到"社区以促进国民中深教育，提供人文素养与技术职业专业知能，充实生活内涵，培育社区发展人才，从事社区服务，提升社区文化水平为宗旨"；而在第5条、第16条以及第19条写到"社区学院设学程应具多元化、实用化以及生活化特色，以应终身发展以及社会发展需求"。甚至对其修业资格与期限做下列详细的规章制定：①两年制学程。提供相当于大学院校前两年或专科学校两年制程度的教育。招收高级中等学校毕业或具同等学力者入学。修习期满，修毕应修学分，成绩合格者依学位授予副学士学位。②短程学程。办理人文与通识教育、技术职业教育、成人教育、社区教育以及休闲教育，提供适合社区民众的课程。入学不受学历限制。另外，修习各项短期学程之学生，其修习学分经确认符合转读两年学制资格者，得转任相关两年制学程。修业期满,成绩合格者,得应规定核发修业证明、学分证明或其他证明文件,并得经由认证取得相关层级的学历或资格。根据第23条指出"社区学院"应就学生能力、性向、兴趣以及特殊需求,提供适当的辅导及措施,以协助其学习以及适性发展。

综合上述,"社区学院"在台湾是一种两年制或者短期制,并具有学分、学位承认的课程制度。介于高级中等教育与高等教育之间,招收学生除一般正规学生由高级中等教育机构进入外,更着重于一般大众的成人进修教育。涵括了技术职业教育、补救加强教育、通识博雅教育、多元整合教育以及终身教育的概念。将以往非正式的进修、推广课程纳入一般的正规教育体系当中。因此"社区学院"其具备以下功能:①增加入学管道。"社区学院"介于高级中等教育之后,包含衔接至高等教育的课程以及针对职业辅导的技职课程。对于学生来说是另一条通往未来的道路,不论是要继续升学或者是要就业,都能舒缓学生的升学以及求职压力。②成人补救教育。短期制度里不以学历作为招生的限制条件,让"社区学院"具有教育机会均等的理念,也让许多从前无法顺利求学的成人们,得以有机会补救他们的教育历程,或者获得一份更好的学历,有助于自我发展。③满足高龄社会。我国台湾地区也和美国、日本一样迈入了人口老化的高龄化社会。生活周遭的年长者越来越多,作为一个学习者,他们对于知识的渴求也不比青壮年少;而作为一个教育者,如何将他们所学的技艺知识以及经验传承给下一代,也同样是需要关切的。"社区学院"在地化的人力、学习资源取用,达到终身学习与教育的目标,更是满足了高龄化社会的需求。④促进社区发展。"社区学院"这种在社区耕耘、培育人才的学习组织,很容易就能凝聚起在地人的力量,使得社区居民得以学习到公民参与,同心协力的投入。⑤学习资源有效利用。由于"社区学院"是一种多元化的学习场域，除了提供一般正规课程的内容，还有如技职体系的课程以及成人的进修、补救课程。多数是已经了解自己不足之所在的学生，对于珍贵的学习资源这些学生具备更多的学习热忱，当然就能提高使用效率。

简言之，"社区学院"将教育和社区结合在一起，把教育和社会资源结合在一起，是一种社区学习的典范。除此之外，其补充高级中等教育的不足，甚至能替代大学前两年的教育。更重要的是，"社区学院"实现了许多民众希望就读高等教育的梦想。

（二）文化教育中心

台湾在各县、市均设立了文化教育中心等公立社区教育机构，其日常工作直接由"教育局"管理，经费由"教育局"拨付。

（三）社会教育馆

台湾已设立四个社会教育馆，并在各乡镇均设立了社会教育馆分支机构或社区教育活动中心，由"教育局"和乡镇政府共同负担经费。

（四）公立社会教育机构

如图书馆、博物馆、科学教育馆、文化教育中心、广播电视台等和各类"国立"学校，均参与社区教育活动。

（五）民间机构

主要有社会服务团、读书会、女性愿景协会、真善美联谊会、民权扶轮社、各类文化教育基金会等。

台湾社区教育的实施以一定的教育机构为依托，注重发挥政府与社会团体的作用，立足于现有国民教育体系，依托各地学校组织，发挥社会团体、民间机构的作用。尽管如此，台湾的社区大学和社区学院在发展中也遇到了一定的困难，如未被纳入正规的国民教育体系之内、其身份与定位未能被认同等。

六　台湾社区教育的内容与形式

台湾社区教育的内容十分广泛，在课程上分为学术课程、社团课程和生活技能课程。台湾学者陈丽云、黄锦宾将社区教育的内容分为三大范畴：①知识、思想范畴，包括：对社区生活或共同问题的知识及资料的掌握；能理解资料的互为关系，有能力去引申和推理；具备分析和评价能力，又可提出创新的建议等。②行为、技能范畴，包括：与社区居民沟通的技巧；善于表达对他人的关爱，懂得社区行为和群众动员的能力，具备谈判、公关与大众传媒合作的能力等。③情感、价值范畴，包括：社区认同感、关心社区公共事务、建立社区良好的感情联系、为社区服务的热情等。从以上的概括来看，台湾社区教育内容涵盖了生活中的方方面面，其主要目标是培养具有知识、技能与社区意识的良好公民。早期的主要内容是老人教育和妇女教育，目前正积极推展社区妇女教育和老人教育计划。从台湾社区教育机构开展的活动来看，内容十分广泛。以台东社会教育馆为例，其开展的内容包括成人教育、妇女家庭婚姻教育、推展全民精神建设方案、老人教育、艺术教育、环境及亲子教育、体育休闲教育、生计教育、科学教育、交通安全教育、原住民社会教育、中医药展示与研究、出版刊物等10多项内容，开展的方式包括研究、研习、讲座、比赛、参观、宣导、研讨、表演、联谊等。

台湾社区教育的内容形式注重满足社区居民的多样化学习需要，注重社区居民解决社区问题能力的培养以及社区意识的养成，注重开展多层次、多内容、多形式的教育培训活动，注重将社区教育与社区建设融为一体，体现以提高社区居民整体素质和生活质量为目标。此外，台湾社区教育十分注重学习型社区建设，对终身教育、终身学习的理论进行了大量的研究和实践，并将社区终身学习计划的实践作为社区教育的重要内容。不过，从台湾社区教育的实效性角度看，也存在着社区教育活动开展不平衡、社区居民参与率不高等问题。

七　台湾有关社区教育的政策法规

自20世纪60年代起，台湾就开始重视社区教育相关法律法规的建设，1965年，台湾"行政院"颁布"民生主义阶段社会政策"明确规定"采取社区发展方式，促进民生建设"。1968年，台湾"内政部"颁布"社区发展工作纲要"指出，社区发展目标在于推动社区各项福利建设和精神伦理建设，以改善民众生活，促进社会进步。此后，台湾又推出一系列完备的教育政策法规，其中以有关终身学习的政策为重点。台湾将1998年定为"终身学习年"，并发布"迈向学习社会白皮书"。白皮书为政府推动终身教育最明确的政策，也为建构学习社会勾勒了蓝图，指明了发展方向。"终身学习法"于2002年6月26日颁布，它的制定与颁布施行，成为台湾终身教育实施最高指导原则，也是终身教育的政策特征。它显示了台湾实施终身教育的决心，为迈向学习社会奠定了坚实的基础。

台湾重视社区教育、终身教育的"立法"，政策法规较为完善，对社区教育、终身教育及办学机构等都做了一定的规定。但在实施过程中也出现不少问题，如经费预算减缩、终身学习基金会未能成立等。台湾社区教育的"立法"还体现出其前瞻性与可操作性，对此，台湾成人及终身教育学会常务理事刘奕权在分析问题的原因时指出，"终身学习法"是一个"梦"，由于种种原因，人们对于建立一个学习型社会的目标逐渐遗忘，于是在具体实施过程中，有些条例并没有得到很好的落实。

第五节 各地社区教育的成功经验对我国内地的启示

一 确立科学的社区教育理念

在短短的 20 年时间里，我国内地的社区教育发展迅速，但与国外社区教育较为发达的国家相比，仍存在很大差距。社区教育的理论研究者和实践工作者应立足于我国的国情，认真借鉴美国、德国、北欧、日本、新加坡以及我国台湾地区社区教育发展的成功经验，探索有效的社区教育发展路径。

（一）关注弱势群体

弱势群体在任何国家都会存在，只不过在不同的国家和不同的历史时期，其具体表现形式有所不同。社区教育作为一项面向社区全体居民的公益性事业，为不同民族、年龄、性别和社会背景的居民提供教育机会，其从一开始就关注那些处于社会底层、被边缘化的弱势人群，充分体现出教育的人文关怀。当前我国正处于社会变革时期，社会、经济、文化发展迅速，人民的生活水平也有了很大的提高。但在取得发展成果的同时，贫富分化呈现出不断扩大的趋势，相当数量国民的幸福指数并没有随 GDP 的提高而同步提升，教育和医疗保障仍然处于较低水平。弱势群体已成为影响我国经济发展和社会稳定的不利因素。为了提高弱势群体的社会处境，实现向上的社会流动，同时也为了保持社区的稳定与和谐发展，在确定社区教育的发展理念时，应特别关照社区中的弱势群体，使各种教育资源向这一群体倾斜，为他们提供更多、更好的教育与培训机会。

（二）突出发展重点

我国地域辽阔，不同社区在经济、文化、教育等方面发展不平衡，在确定社区教育发展理念时，应在充分考察社区实情的基础上，有选择地确定社区教育理念。开展社区教育的目的主要是提高广大社区居民的公民素质和生活质量。然而，社区居民的生活质量受多种客观因素的影响和制约，不是社区教育所能直接控制的。要从居民的主观感受方面来理解生活质量这一问题。要把社区教育的侧重点放在密切人际关系、营造和谐的家庭氛围和社区凝聚力、提高社区居民的归属感等方面。我国目前正处在由工业经济时代向知识经济时代过渡的时期，在这一阶段，我们不能仅注重社区教育的实用性和功利性，将其局限于知识与技能的获得，而应将重点放在社区居民人文素养的提高、社区意识和社区归属感的培养方面，从而为社会培养合格公民，提高社区的精神文明水平，促进社区健康发展。

二 创建有效的社区教育管理机制

（一）发挥法律法规在管理中的宏观调控作用

从北欧、美国、日本以及新加坡社区教育发展的成功经验来看，一系列相关政策和法律法规的出台对社区教育的发展产生了深远的影响。我国社区教育立法滞后，自20世纪80年代以来，我国政府也出台了一系列相关法律法规。但迄今为止，还没有专门为包括社区教育在内的终身教育进行立法，只是在一些法律条款中有所涉及。如1993年2月国家和政府颁布的《中国教育改革和发展纲要》第17条第一次明确规定："支持和鼓励中小学同附近企业、事业单位、街道或村民委员会建立社区教育组织……探索出符合中小学特点的教育与社会结合的形式。"1995年3月颁布的《中华人民共和国教育法》第11条规定："国家为适应市场经济发展和社会进步的需要，推进教育改革，促进各级各类教育协调发展，建立和完善终身教育体系。"另外，第19条也规定:"国家鼓励发展各种形式的成人教育,使公民接受适合形式的……业务教育和终身教育。"2005年颁布的《福建省终身教育促进条例》第15条提到:"社区应当逐步完善社区教育设施,根据各自条件开展适合社区居民需要的教育活动,活跃社区文化,倡导健康文明和谐的生活方式。"因此,我国亟待出台社区教育方面的法律法规,通过立法和给予政策,为社区教育经费筹措、组织机构建设、资源开发提供法律和政策上的支持。使我国的社区教育走上规范化、法制化的发展轨道。

(二) 发挥政府在管理中的主导作用

目前,我国各级政府、教育、民政、人力和社会保障等部门都可以开展社区教育活动并对其进行管理。然而,由于这些部门在行政职能上条块分割,工作任务和工作内容不同,且不存在隶属关系,所以使得社区教育及其建设相互交叉但又沟通不畅,出现重复和低效的现象,在造成资源浪费的同时,也在教育对象和教育内容等方面出现薄弱环节,流于形式,浅层次的成分很多。因此,在今后的工作中,应从政府的角度出发,充分发挥其主导作用,将各类社区教育发展作为一个整体来统筹规划。可以借鉴日本的做法,尝试建立一个统一的社区教育协调、管理部门并设置专门人员负责宏观规划和整体协调,使社区教育管理在总体上协调、统一起来。

(三) 调动社区组织与居民参与管理的积极性

在加强政府宏观调控的同时,还应借鉴美国在社区教育管理方面的成功经验,弱化政府对社区教育微观层面的干预,将发展社区教育的责任更多地赋予地方基层组织,把一部分执行性、操作性强的事务的管理权下放给社区,调动社区各类组织主办社区教育的积极性。与此同时,应大力宣传社区教育,使社区居民充分认识这一教育形式的重要性,从而积极、主动地参与到社区教育管理活动当中。

三 建立实用的社区教育实施组织

凡是社区教育发展较好的国家和地区都有比较健全的社区教育实施组织和机构，如美国的社区学院、北欧的民众学校、日本的公民馆以及新加坡的社区中心等，在社区教育中发挥了计划、组织、实施、协调、评价的作用。我们应借鉴国外这些成功经验，加强我国社区教育实施组织的建设。

（一）在发达城市推进社区学院建设

社区学院是"社区教育层次上移以及高等教育系统与社区关系日益紧密双重作用的结果"，是集学历教育与非学历教育、职业技能教育与休闲文化教育、社会各界委托教育项目于一身的多层次、多类别、开放型的高等教育机构。1994年，我国首家社区学院——上海市金山社区学院的成立标志着社区学院在我国开始发展起来。之后，北京、上海、天津、南京、沈阳等地相继出现了以社区学院命名或不以社区学院命名但实质上是社区学院的一些教育机构，成为实施社区教育的专门机构。这些社区学院在整合社区内各种教育资源的基础上为社区居民提供多种多样的教育、培训以及文化娱乐服务。但由于发展的历史短、基础弱、规模小、数量也不多，影响力很有限。因此，应学习美国社区学院发展的成功经验，在经济比较发达、文化和教育发展水平比较高的大中城市或个别农村地区大力推广社区学院，引导当地社区教育的发展。

（二）在中小城市推进社区教育中心建设

依据国外经验，社区教育成功的关键在于因地制宜地建立实施组织。我国应在广大城市地区的区、街道、居委会等基层设置市民学校、家长学校、老年学校、妇女学校、健康学校等社区教育实施组织，开展各种活动，充分满足社区居民的个性化学习需求，为社区居民能够时时、处处学习创造条件。

（三）在广大农村推进社区教育基地建设

随着我国城镇化建设水平的提高以及计划生育效果的日渐显现，广大农村地区的人口结构发生了极大变化。从20世纪90年代中期开始，农村地区的小学适龄人口数量持续下降。同时，由于大量的农村人口向城市转移，使得一部分适龄儿童转移到城市上学。面临这种情况，我国农村地区开展了以"撤点并校"为导向的学校布局调整，使大量的校舍处于闲置状态。我国应借鉴日本大阪市"终身学习室"建设的成功经验，通过制定相关政策并采取相应措施建设社区教育基地，充分利用这些闲置的教育资源开展各类社区教育活动。

四 统筹各类社区教育资源

（一）拓宽社区教育经费来源渠道

社区教育是一项公益性事业，政府理应成为社区教育的投资主体，切实保障社区教育的顺利开展，尤其是面向弱势群体的社区教育项目，如成人基础教育、农村剩余劳动力转移培训、下岗职工再就业培训等。这类教育项目有利于实现教育公平与社会公平，体现国家和政府对弱势群体的人文关怀。随着我国社区教育的深入开展以及居民教育需求的增加，社区教育面临着资金不足的问题。为了解决这一问题，应借鉴美国社区教育资金来源多元化的成功经验，采取以政府投资为主的"社会筹一点、单位出一点、个人拿一点"的办法，多渠道筹措社区教育经费，确保社区教育活动的正常开展。

（二）构建专兼结合的社区教育工作者队伍

作为社区教育的主要推动力量，社区教育工作者承担了宣传社区教育观念、制订社区教育工作计划、落实社区教育政策的重要任务。时代的发展赋予了社区教育新的历史使命和责任，也对社区教育工作者队伍建设提出了挑战。目前，我国社区教育工作者队伍建设力度不够，存在着数量不足、素质不高、结构不尽合理等问题，已成为制约社区教育发展的一个薄弱环节。借鉴美国、日本等国家的成功经验，我国应从以下两方面着手加强社区教育工作者队伍建设。

1. 加强社区教育专职工作者队伍建设

根据国外经验，专职工作者是开展社区教育工作的骨干力量，各国都比较重视这支队伍的建设。在美国，社区学院通过专业进修、参与短期培训班和讨论会等形式对在职教师，尤其是专职教师进行培训。在日本，除了以在大学中设置社会教育专业这种方式来培养社会教育专职工作者之外，还通过建立市立综合终身学习中心、开展校外讲座等方式来培养、培训社会教育专职工作者。在瑞典，民众中学对教师的资格和学术素养要求较高，学校决定聘用的教师在林彻平大学接受一年的培训后才能够参加工作。目前，我国社区教育工作者的培养已取得了一定的成绩，如上海师范大学已经开设了社区教育、社会工作者专业，华东师范大学、南京师范大学、山西大学、南昌大学也分别将"社区教育"这一方向列入硕士研究生的专业研究计划当中。这些专业与研究方向的设立将会推动我国社区教育的发展。在重视社区教育专职工作者培养的同时，还应关注在职人员的培训问题。我国现有的社区教育工作者大多是从社区内其他岗位上选调、选聘的，他们的社区教育工作经验不足，相关的理论知识欠缺。因此，应加强对这部分人员的培训力度，提高他们的工作能力，使其更好地适应社区教育工作发展的需要。

2. 加强社区教育兼职工作者队伍建设

大量的兼职人员和志愿工作者在社区教育中发挥着重要的作用。目前，我国城市地区在社区教育兼职工作者队伍建设方面已取得了一些成功的经验。如采取多种措施鼓励街道文教科、居委会、社区学校等单位的在职人员积极从事社区教育工作等。随着社区教育的发展，还应建立各种激励机制，充分发挥社区内的专家、学者、在校大学生、企业一线的工作人员、教师、医生、演员等人士积极参与社区教育活动，以增强社区教育工作者队伍的活力。与此同时，兼职人员和志愿工作者的流动性比较大，如何使其尽快进入角色、了解社区教育的规律、掌握社区教育的工作方法，进而有效地开展各项工作也应引起人们的关注。

（三）整合社区各类组织的教育资源

根据国外社区教育的发展经验，社区教育的发展并不需要进行过多投入，通过开放现有资源，并对其进行重组、改造，可以提高社区资源的利用效率，降低发展社区教育的成本。在开发、利用社区内教育资源的过程中应关注以下几点内容。

1. 学校教育资源的开发与利用

社区内的小学、中学、中专、高职高专以及大学拥有丰富的教育资源。除了拥有大量具有广博科学文化知识和丰富教育教学经验的教师外，还包括各种教学设施、图书资料、网络资源、实验实习基地、体育场馆等丰富的物质资源和学术资源。整合这些教育资源开展社区教育，既是国外的成功经验，也是经济不太发达的我国在开展社区教育时应当重视的一条途径。

2. 社会文化组织教育资源的开发与利用

社区内的各类社会文化组织已成为各国实施社区教育的重要载体，主要有图书馆、博物馆、文化馆、纪念馆、娱乐中心、文化中心、影院、剧团、企业等。这类组织是社会的信息中心，通过向社区居民传播各类信息或知识，在社区文化教育方面发挥着广泛而积极的影响。目前，我国各地公共文化设施的利用情况并不乐观，其服务社区教育的功能还没有得到充分的发挥。在今后发展社区教育的过程中，应鼓励各社会文化组织采取相应措施，在管理、技术、服务等方面做出必要的调整，为社区居民提供教育服务。

3. 其他组织教育资源的开发和利用

除了学校和各类社会文化组织外，社区内还存在着大量以满足社区及社区居民一般需要为目的的各类组织，如政府部门、工会、商会、工商业组织等，这些组织蕴藏的教育资源也应得到充分的挖掘和利用。

第四章

国内城市高职院校创建社区学院的模式和案例

模式一词，相对应的英语单词有 pattern（模式）、model（模型）和 paradigm（范式），是现代科学研究中普遍采用的一个术语。模式一词的指涉范围甚广，它标志了物件之间隐藏的规律关系。而这些物件并不必然是图像、图案，也可以是数字、抽象的关系甚至思维的方式。模式强调的是形式上的规律，而非实质上的规律。简单地说，就是从不断重复出现的事件中发现和抽象出的规律，是解决问题的经验的总结。

叶忠海在《面向21世纪中国成人教育发展模式研究》一书中认为：所谓模式就是在一定的思想或理论的指导下，在实践中建立起来围绕完成特定的目标所形成的、稳定而简明的结构理论模型及其具体操作的实践活动方式方法、途径和手段的总和。所谓"模式"，在《现代汉语词典》中的定义为：某种事物的标准形式，或是使人可以照着做的标准样式。作为模式，应该具有以下几个突出的特点：

简洁性：任何模式都是简约化了的结构理论模型及活动方式，均以精练的语言、象征性的图式或明确的符号表达出来。

适用性：模式所提供的理论、操作要求和程序，都是为了便于人们理解、掌握和使用。

针对性：任何模式都针对特定的时空条件，都有特定的使用目标、条件和适用范围。也就是说，世界上没有一种对一切目标都能适用的万能模式。

优效性：与适用性、针对性特点相联系，作为在实践中总结提炼出来的每个模式对应于实现特定的目标而言，其均有优良效果的特性。

社区教育模式就是指社区教育的标准形式或样式。就社区教育的模式建设现状来看，有四种已基本成形。

一是以居民委员会或街道办事处为中心模式。由于我国一般是以居民委员会或街道办事处所辖行政区域为社区人口管理的基本单位，所以这是我国目前社区教育最常见的模式。该模式是由街道党政部门统筹，其相关职能部门安排布置本辖区的社区教育活动，类似于行政工作的流程。然后，成立以当地党政领导兼任主任，组织社区教育委员会，开展"街道牵头、社会参与、双向服务"的教育活动。这种社区教育模式下的社区活动，主要是为了丰富社区文化、休闲生活，偏向行政管理。优点是行政主导可以有力地调动社区上下，但是缺点也显而易见——易于形式化。

二是以现有学校为中心的模式。该模式发自于教育系统内部，且是目前日渐成长的活动型社区教育形式。以现有学校（如社区内各类中小学、地区所属成人高等学校、区属职工大学等）为活动中心，发挥自身教育资源优势并向校外伸展开展社区教育活动。此模式根据学校层次不同，带有的性质和功效也有所不同。中小学开展的活动类似于课外教育活动，具有校外补偿性质，教育行为规范；但是因为调动的社区资源有限，对于社区资源整合的作用不大。区属成教和职教机构牵头的社区教育更为有益于区域性的社区教育，其价值更高。

三是社区学院模式。这是近来北京、上海、广州等发达地区比较新兴的、组建或改建社区内学校为社区教育实施的载体、借鉴和改革欧美国家社区学院模式发展起来的一种综合型社区教育体。该模式通过接受街道办事处、民政局或者区域内单位委托，运用多种手段（如专业开发、课程开发、项目开发等）开展教育教学活动。是一种开放式、高层次，综合性，集学历与非学历教育、成人和职业教育等于一身的新型社区教育模式。不过，在对新生"社区学院"寄予美好期望的同时，其也存在一些业已出现或潜在的弊端：与现有高等教育体制的兼容性不足、传统学校教育改造困难、社会各界对其认可度和旧观念的阻碍、社区管理部门与学校之间的沟通与协作不足，等等。当然这种秉承"学校为中心模式"的变异体还是有很大发展潜力的。

四是地域为界自治的模式，也是就是我们经常能在生活社区看到的"社区是我家，建设靠大家"式的社区教育模式。它是由社会各界（如居民委员会、小区业主委员会等）一起组织的社区教育协调委员会作为协调和具体策划机构，由其中一个比较权威的单位主帅，运用各成员在各自行业的影响和资源开展活动。这种模式中各界的参与度高、自治意识强，比较容易出现在"单质社区"（即大型单位生活小区、军队家属区等驻区主导单位所属区）。同时，其劣势也是很容易发现：组织比较松散，其内部核心和合力不易长久有效。

上述四种主要模式，可以窥见我国社区教育的发展依旧处于探索和创新阶段，这与我们国家各地区自身的发展以及民众文化素质息息相关。所以在采用哪种社区发展模式的时候都必须考虑地方发展水平和特点。

目前高职院校和社区教育融合发展的模式研究还相对较少，特别是第三种模式也就是社区学院模式中，高职院校创建社区学院的案例更是较少。根据我国主要城市现有的高职院校创建或者合办社区学院情况，笔者总结出四种模式，即高职院校与社区学院两翼一体模式，高职院校、电大和社区学院的三位一体模式，高职院校与现有社区学院教育联合体模式，高职院校与街道办校政共建模式。

第一节 高职院校与社区学院两翼一体模式

第一种模式是在现有高职院校的基础上加挂社区学院牌子的高职院校与社区学院两翼一体模式，这种模式目前在国内的典型代表是广州城市职业学院（广州社区学院）和天津城市职业学院（河北区社区学院）。

一 广州城市职业学院（广州社区学院）[①]

（一）学校基本情况

广州城市职业学院是 2005 年 3 月经广东省人民政府批准、国家教育部备案，由广州市人民政府举办的高等职业院校。学院于 2005 年 9 月揭牌成立。2009 年 5 月，广州市政府批准学院加挂"广州社区学院"牌子，成为广州首家社区学院。学院以"质量立校、人才强校、文化塑校、特色兴校"为办学理念。办学定位是：立足广州，服务广州，辐射华南，以产业需要和市民需求为导向，服务产业、服务社区、服务市民，使学院发展成为以社区职业教育为主、以岭南文化优良传统与时代精神相互交融为特征的高素质技能型人才培养基地、应用技术转化平台、社区教育与服务示范中心和市民终身学习园地。学院位于国家中心城市广州，现有五个校区。广园南校区、广园北校区坐落在风景秀

[①] 主要内容来源于广州城市职业学院官网和其年度质量报告。

丽的白云山下、麓湖之畔，海珠、滨江及越秀三个校区分布在广州中心市区。学院建有多功能的现代化图书馆，教学大楼、实训大楼、宿舍楼、学生活动中心、室内外体育场馆等设施一应俱全。数字化校园整体建设和应用水平在全省高职院校中位居前列。学院围绕广州地区高新技术产业、先进制造业、高端化现代服务业和社区服务4个专业板块开设了10个专业群，设有信息技术系、机电工程系、商贸系、财会金融系、旅游系、公共管理系、艺术设计系、城市建设工程系、食品系、应用外语系、社科部、国学院、继续教育中心等13个教学单位，高职教育研究所和社区教育研究中心等科研机构。学院拥有一支结构合理的专兼结合高素质教师队伍。现有教职工567人，其中专任教师368人，具有高级职称的142人，双师素质的教师195人。

跨入"十二五"发展新的历史时期，学院正推进办学体制机制创新，构建以学院为核心，校企双主体，依托市、区、街三级教育网络，校企社政四方合作的"一核双体三级四方"社区职业教育办学模式。学院发扬社区教育优良传统，构建以政府为主导、学院为主体、社区为中心、企业参与的社区教育与服务网络和工作体系，增强学院的社区教育与服务能力，彰显广州社区学院的功能。目前，广州市正依托其成立"广州社区教育与服务指导中心"，其与白云区政府合作建成广州社区学院白云分院。

（二）模式内容

在长期的办学中，广州城市职业学院形成了"植根社区、服务社区、服务市民"的办学传统。合并组建后，学校继承了这一优良办学传统，确立了"服务产业、服务社区、服务市民"的办学定位，实行职业教育与社区教育联动发展，在承担高等职业教育任务的同时，积极承担广州社区教育发展任务，深入开展社区教育的试点实践和研究，有力地推动了广州社区教育和学习型社会建设。经广州市编制委员会等批准，在学院的基础上先后成立"广州社区学院""广州市社区教育服务指导中心""广州市社区教育工作者继续教育培训基地"，承担广州市社区教育的指导、服务和培训职能，在广州社区教育中发挥引领和推动作用。

1. 依托高职智力资源，积极开展社区教育发展研究

学院整体科研实力位居广州市属高职院校前列。根据社区教育工作的需要，以科研为引领，组建了以院长为带头人、主要职能部门负责人和中青年学者为骨干、省内外知名学者专家为顾问的"社区教育理论与实践"科研团队。理论与实践相结合，积极开展广州市社区教育发展研究，先后承担国家、省市级社区教育课题20多项，撰写发表各类社区教育论文50多篇。为教育部、省教育厅、市教育局草拟了系列政策文件，组织撰写《广州市社区教育蓝皮书》《学习型社会建设研究与实践》《美国社区学院发展研究》等专著；其中专著《广州市社区教育发展研究》获"第八届全国成人教育优秀科研成果"优秀著作一等奖，成为推动广州乃至广东社区教育发展的重要科研力量。

2. 依托高职基地资源，积极推动社区教育网络建设

根据"服务产业、服务社区、服务市民"的办学定位，学院80%以上的专业设置了社区服务的课程模块，1/3的专业直接面向社区培养人才，建立了近百个社区管理与服务的实践基地。依托这些社区实践基地，与区街合作开展社区教育试点，共建学习型社区，推动社区教育网络构建。先后与白云、花都、黄埔等12个区县和广州市团校合作成立了13个社区分院；与社会管理创新紧密结合，以社工专业实践基地—家庭综合服务中心为依托，在白云区、花都区的12个街镇建立社区分校，在社区成立社区学习中心，构建覆盖全市的区—街—社区三级社区教育

网络。

3. 依托高职项目资源，发动和整合社区教育力量

2010年，广州市申报的"推进广州学习型社会建设"项目获批为国家教育体制改革试点项目。其中，学院承担广州市社区教育实体网络构建任务。项目化的运作方式，有效整合了广州地区的社区教育资源和力量，锻炼和培养了一支实力较强的社区教育队伍，推动了广州社区教育的发展。

4. 依托高职人力资源，组织师生深入开展社区教育活动

学院拥有上万人的师生队伍，是开展社区教育工作的重要人力资源和依托。学院将社区教育与服务的要求纳入各专业人才培养计划，要求学生在毕业时必须完成9学时、0.5学分的社区专业实践。组织学生结合专业学习的要求，广泛开展商贸知识进社区、计算机知识进社区、英语知识进社区、食品营养知识进社区、旅游知识进社区、汽车维修知识进社区、法律知识进社区等各类社区教育活动。同时，结合各类主题教育活动，广泛组织学生参加读书活动月、科教文卫"四进"社区、文明社区、文明家庭创建、国学进社区、亚运会、亚残运会等各类社区教育志愿服务。全院师生参与社区教育活动达48万人次，服务社区居民达百万人次，覆盖全市12个区县30多个街道。

5. 依托高职课程资源，积极开发各类社区教育课程

学院拥有1000多门职业教育和普通教育课程，能较好地满足社区居民的职业技能和普通文化提升的需求。但学校教育课程与社区教育课程在目标、对象、内容、形式上有极大的差异。为做好社区教育课程开发，制定了《社区教育课程开发技术规范》《社区教育课程建设标准》，组织教师深入社区开展需求调查，以课程立项的形式，开发职业技能、生活休闲、文化素养三大系列的社区教育课程171门，建设食品安全、就业创业、国学等

26个资源库。教师们还深入社区,直接为居民授课,深受居民欢迎。通过实践,学校初步形成了社区本位、需求导向、动态生成的社区教育课程开发模式。

6. 依托高职设施资源,努力建设居民终身学习园地

学院现有五个校区,分布广州市的中心区域,拥有丰富的教育设施和文化资源。在参与社区教育的过程中,学校主动向居民开放运动场、大礼堂、图书馆、实验室等教育设施,使学校成为社区居民的学习活动中心。图书馆主动上门为附近机关干部、企业员工、社区居民办理借阅证,免费开放图书借阅和电子资源服务,与社区共建社区图书室,赠送各类图书、期刊10000多册,赠送书架、期刊架、阅览桌椅、门禁系统等图书设备。国学教育是学院的办学特色之一,学院在国内高职院校中率先成立了国学院,组建了高水平的国学教育队伍,拥有国学特藏室、国学阅览室、国乐室、经典诵读中心、茶艺室等丰富的国学资源。依托这一资源优势,以学生社团为依托,积极推进国学进社区活动,与多个区街共建国学社区,共同开展国学讲座、经典诵读、茶艺表演、古筝演奏等活动,建设具有岭南文化特色的国学幸福社区。

案例1 学院与政府合作共同推进社区教育发展

一 合作背景

广州城市职业学院根据政府赋予的功能和任务,合并组建以来,明确"服务产业、服务社区、服务市民"的办学定位,实行高职教育与社区教育联动发展,依托高职教育资源优势,主动承担广州市社区教育发展任务,积极推动广州学习型社会建设,促进学院的办学模式创新和人才培养质量提升。

二 合作机制

经广州市编制委员会和广州市教育局批准，学院先后成立"广州社区学院""广州市社区教育服务指导中心""广州市社区教育工作者继续教育培训基地"，承担广州市社区教育的指导、服务和培训职能。健全社区教育的组织工作架构，建立相应的管理制度和运作机制，形成校企社政共同推动社区教育发展、合作共赢的工作体系和长效机制。专门组建了社区教育研究中心，并配备专职人员，承担广州市社区教育服务指导中心职能。成立社区教育专家咨询委员会、社区教育工作委员会，与白云、花都等共同组建社区分院合作发展理事会，与各区签订合作共建发展的战略协议。深入探索高职教育与社区教育联动发展的新机制。将社区教育与服务功能融入学院创新发展与人才培养的全过程，大力开发与社区教育服务相关的专业和课程，依托实践基地推动社区教育网络建设，与区街共建学习型社区，面向社区全面开放教育资源。组织师生深入社区开展市民教育、继续教育和社会服务，在满足社区群众终身学习需求、服务社区建设的同时，促进了学生的社会责任感、组织活动能力和综合素质的提升，实现了高职教育与社区教育的融合互动发展。

三 主要成效

1. 开展广州社区教育发展研究

组建"社区教育理论与实践"科研团队，深入开展广州市社区教育发展研究，先后承担国家、省市级课题20多项，撰写各类论文和报告200多篇，为教育部、省教育厅、市教育局草拟了系列政策文件，组织出版《广州市社区教育蓝皮书》《学习型社会建设研究与实践》《美国社区学院发展研究》等专著以及《广州学习型城市建设案例》，其中《广州市社区教育发展研究》获"第八届全国成人教育优秀科研成果"优秀著作一等奖。

2. 承担了国家教育体制改革试点项目

学院承担国家教育体制改革试点项目"推进广州学习型社会建设"中的社区教育发展任务，广泛调动校内外各方面的力量，组织各区社区分院（分校）、高校、中小学、社工机构、协作单位和校内各部门等实施社区教育项目200多项，参与人员达3000多人次。深入探索社区教育的资源整合、购买服务、开放学习等机制，有效整合了社区教育资源和力量，共同推动广州社区教育的发展。

3. 积极推动广州市社区教育网络建设

学院先后与广州市12个区和市团校合作成立了13个社区分院，初步建立了覆盖全市的区县—街镇—村居三级社区教育网络，组建了一支专兼结合的社区教育工作队伍和专家指导队伍，建立了推进广州市社区教育发展的工作体系和运作机制。在学院的指导和帮助下，越秀、花都等多个区成功申报了国家社区教育示范区和省级社区教育试验区。

4. 组织师生深入开展社区教育活动

组织师生结合专业特色和优势，广泛开展商贸知识进社区、计算机知识进社区、英语知识进社区、食品营养知识进社区、旅游知识进社区、汽车维修知识进社区、法律知识进社区等各类社区教育活动。同时，结合各类主题教育活动，广泛组织学生参加读书活动月、科教文卫"四进"社区、文明社区、文明家庭创建、国学进社区、亚运会亚残运会等各类社区教育志愿服务。全院师生参与社区教育活动达48万人次，覆盖全市12个区县，服务社区居民达百万人次。

5. 开发社区教育课程和学习资源

组织开发职业技能、生活休闲、文化素养三大系列的社区教育课程200多门，建设食品安全、就业创业、国学等35个资源库，建成面向全体市民的社区教育网站，引进2000多门优质社区视频课程。组织教师深入社区直接为居民授课，受到社区居民的热烈欢迎，形成了社区本位、需求导向、动态生成的社区教育课程开发模式。

二 天津城市职业学院（河北区社区学院）[①]

（一）学校简介

天津城市职业学院是经天津市政府批准、教育部备案的一所独立设置的公办全日制普通高等职业学院，是一所有着50多年办学历史的综合性院校，是原国家教委、天津市教委评定的"优秀校"，是天津市政府授予的"天津市职业教育先进单位"。学院以"修德励学，强能笃行"为校训，以"立足河北区，服务天津，面向全国，特色发展"为办学定位，坚持"严肃纪律、严格管理、严谨治学"的办学方针，坚持"强化内涵增实力，特色发展创一流"的工作思路，在河北区和天津市内六区的职业教育、社区教育、终身教育和学习型社会建设中，发挥了龙头带动作用，学院以其鲜明的社区性、灵活开放的职业教育发展格局、优异的教育教学成绩，在天津市高职院校中独树一帜。

学院社区教育是在河北区社区教育工作委员会领导下，为推进河北区社区教育工作，发挥规划制定、教研理研、评估督导、师资培训等龙头作用。学院各类培训年1万人次。学院与团区委、区民政局、区人力资源与社会保障局、区各街道等多个单位签订了共建社区教育、就业培训基地的合同。

---

① 主要内容来源于天津城市职业学院官网和其年度质量报告。

(二) 模式内容①

天津城市职业学院能与社区紧密相连是学院发展天然的选择。它是市内中心城区中唯一一所由区政府主办的高职院校,学院紧紧抓住服务社区这个特点,与市内五所社区学院组建了天津城市职业学院"职教集团",明确了"多功能、社区性"办学特色,进而进入职业教育发展的快车道。学院确定了"一主两翼"的办学格局,即以高职教育为主体,以继续教育和社区教育为两翼;构建起中、高职相互衔接,全日制与业余学习相互融通,学历教育与社会培训相互协调的办学体系。在这一理念下,学院努力探索职业教育与终身学习功能有机融合的实现路径,实施一主两翼的办学思路。成为天津市河北区技术技能人才培养基地、继续教育与社区教育学习园地、终身学习与学习型社区服务中心。学院学生参与社区志愿者活动,学院教师下企业实践。

一主:高职教育是立校之基,是学院的基本任务。主要服务于区域经济发展对各种高素质技术技能型人才的需求。高职毕业生提升了区内新增劳动力的受教育年限,能有效缓解生产、建设、服务、经营等技术技能型人才短缺的现状。两翼:①发展继续教育是学院的重要任务。成人学历教育在提升区内企事业在职人员的综合素质和学历层次上有不可替代的作用。岗位职业培训是学院的主要社会任务,持续不断地提升区内企事业单位在职人员岗位技能培训,以适应现代社会的发展。②社区教育是学院特色发展重要内容,学院必须在全区社区教育规划的制定、理论研究、教学研究与指导、督察检查评估等方面发挥作用,在教育教学方面发挥指导作用,并实现教育资源共享。为更好地服务区域、服务社区,学院还成立了"政校企社"合作理事会,各系

---

① 车明朝:《服务学习型社会建设 职业教育与社区教育比翼齐飞》,《中国职业技术教育》2014 年第 34 期。

部也成立了相应的政校企社专业指导委员会。学院专业设置、实训基地建设、教育教学改革都会经过理事会或委员会的指导和论证。通过这些理事会和委员会，学院进一步加强了与政府、企业、社区的联系，促进了学院与企业和社区的融合。

在天津城市职业学院，有一个非常凸显社区性特点的工作——教职工企业实践制度。在其他学院，下企业都为专业教师，行政人员多不参与下企业、社区活动；而在天津城市职业学院则是全员下企业社区实践。每年学生也会走进街道、走进居委会、走进社区参与活动。如今天津城市职业学院已经成为整个河北区各个街道、居委会组织大型活动的首选。学院已经与全区100多个居委会签订了共建协议，每年约3000名在校大学生深入居委会开展顶岗实习和社会实践活动，不仅满足了社区活动的需要，而且提升了学生的社会活动能力、岗位技能。学院已经与街道、社区水乳交融，成为不可或缺的伙伴。

学院能与社区水乳交融，是学院对社区教育不懈努力与付出的结果。学院一直在努力探索职业教育和终身学习功能的有机融合。社区教育是和谐城区建设基础性、先导性工作。学院必须站在全区社区教育的角度，硬件设施向社区学校开放，为其课程和教学内容开发、教材编写等给予必要的指导，实现教育资源共享。月牙河街丹江里社区学校的数字化学习中心是学院较早开展的一个项目，学院为社区提供近20万元资金，建设了数字化典型示范学习中心。学院把数字化中心建在社区，主要原因是：第一，加强与社区的联系，作为社区型高职学院必须要在社区扎下根来，才能更好地了解和服务社区；第二，拓展了学院教育资源，把数字化学习中心建在社区也就等于延伸和拓展了学校的办学空间。社区学校在一定程度上成为学院一部分。在丹江里社区数字化典型示范学习中心建设过程中,从电脑装配、网络建构,到教学资源配置、师资队伍保障,学院都给予全力支持。学院还对社区近8000名居民进行了学习需求调查,以调整课程内容,更好地满足社区居民学习需要。数字化学习中心建成之后引起社会的广泛关注。在丹江里社区学校成功经验的基础上,学院自2010年开始支持街道建设社区学校,相继在8个街道累计投资160万元,并带动各街道配套投资参与建设,其中两个社区学校成为天津市首批示范性社区学校。现在,河北区每年在社区学校参加活动的超过10余万人。学院与区政府信息办合作,整合了学院数字化学习资源,建成了河北区社区教育网站,全区10个街道5万余名居民在"天津市社区教育网"实名注册和上网学习。学院还投资160万元,建成了天津市中心城区首个有独立校舍的区级示范性老年大学。学院的付出得到了政府、社会的高度认可,学院也开始逐步承担起了全区社区教育工作指导的任务职责。例如,面向全区的"社区青年'成长快车'素质教育探索",弥补了青少年在学校教育、家庭教育外社会教育的不足;王串场街社区学校"剪纸艺术"项目,让民族文化在社区扎根;建昌街道社区学校根据辖区内有藏族学生的实际,街道与学校共建社区教育基地,促进了社区民族的团结、和谐;江都路街衡山里社区老年学校,关注老年生活,共建精神家园,让社区老人得以安享充实健康的晚年生活。上述项目都是在天津城市职业学院的牵头带领下完成的。

学院还是全区社区教育工作规划、制度制定的重要力量,学院"社教办"牵头制定了《河北区关于推进社区教育工作的实施方案》《河北区社区教育工作委员会会议制度及工作分工制度》《关于落实百名教育工作者进社区工作的实施意见》《河北区关于进一步推进数字化学习社区建设的实施意见》《河北区社区教育网站管理制度》《河北区社区教育实验项目管理暂行规定》等 11 项规章制度，使全区社区教育工作有章可循，纳入了规范化、科学化的轨道。在天津市河北区，天津城市职业学院是社区教育当之无愧的龙头！

学院成立之初就确定了服务社区的方向。从大职教理念角度，提高了职业教育与终身学习互相促进的和谐共生关系及其趋势的认识，明确了社区型高职学院支持服务终身学习体系建设的方向。多功能、社区性高职学院应以其对教育资源的有效利用、对人力资源素质的提升，在区域经济、文化和社会建设领域发挥教育的功能；应以教育对象的全员参与性、教育过程的终身涵盖性、教育空间的全方位性、教育内容的丰富性等特质，在经济、文化和社会建设领域发挥服务功能，使之成为职业教育的组成部分。同时建立较为完善的，有区域特色，能够满足社区成员精神文明、文化生活和技能训练需求的社区职业教育网络，大力推进社区建设。

一主两翼办学使学院职业教育与终身教育融合有了切实可行的实现途径。在社区教育、成人教育两翼的支撑下，学院探索形成了高职学院服务终身学习的"双线并行、内外融合、龙头带动"办学模式。双线并行指职业教育与终身教育并行发展，龙头带动指发挥学院在全区终身学习上的龙头带动作用，内外融合指学院职业教育资源与社区教育资源互相融合、互相促进。

这一办学模式推动了学院职业教育与终身教育协同发展。一个典型表现——学院终身学习指导服务中心形成了多层次、多内容的培训体系。例如，2013 年，学院与市、区委办局合作开展职业培训，年培训量超过 5 万人次；与区人力资源和社会保障局为 4000 名失业和新招就业人员开办了 80 期培训班；楼宇智能化工程技术专业为区内企业提供楼宇智能化管理师培训，为大港油田宾馆员工进行酒店管理培训。学院还举办了天津市首届社区教育成果展暨全民终身学习活动周开幕式。

案例2　创建社区型高职学院为龙头的河北区终身学习支持服务体系

学院以大职教理念服务河北区经济社会发展，突出多功能办学特色，搭建了以学院为龙头、以街道社区学校为依托、以社区为主体的终身学习三级支持服务体系。形成了社区型高职学院服务终身学习的"双线并行、内外融合、龙头带动"模式，即通过功能定位，探索终身教育体制、机制运行模式及其在师生建设、专业建设、课程建设、实训基地建设、场馆设施等方面，服务河北区社区教育、学习型城区建设和终身教育的互动、衔接与贯通的支持服务体系。

2014年，学院受区政府委托申报的河北区创建全国社区教育示范区获得教育部批准。发挥社区教育指导服务功能，继续深化内涵建设，以项目带动河北区社区教育特色品牌建设，指导六个单位的七个社区教育实验项目分别获得市级一等奖、三等奖；开展了社区教育服务社会民生优秀案例评选工作，5个项目获奖；指导2个单位对特色活动进行提炼总结，获得天津市终身学习优秀品牌称号；组织全区10个街道社区居民向天津终身学习网征集发帖70余篇，获得好评。继续开展职业培训和休闲教育培训，近5万余人。支持区老年大学办学，拨专项经费改造了机房设施，启动社区早教体验中心建设等，举办了2014年社区老年教育成果展示活动。

第二节　高职院校、电大和社区学院的三位一体模式

第二种模式是高职院校、电大和社区学院三位一体模式，国内的典型代表为杭州科技职业技术学院（杭州广播电视大学、杭州社区大学）、福州职业技术学院（福州广播电视大学、福州社区大学）。

一　杭州科技职业技术学院（杭州广播电视大学、杭州社区大学）[①]

（一）学校简介

杭州科技职业技术学院是杭州市人民政府主办的一所普通高等职业院校，1999年12月开始筹建，2009年2月经浙江省人民政府批准、国家教育部备案正式建院。学校与创办于1978年的杭州广播电视大学实行"两块牌子、一套班子"的管理体制。学校坚持立足杭州、面向浙江、辐射长三角，紧密结合高新技术产业和现代服务业的发展需求，以土建类、制造类和文化教育类专业为重点，电子信息类、艺术设计传媒类、财经类、旅游类等专业协调发展，职业教育与终身学习紧密对接，力争建设成为人民群众满意的省内高职强校，为区域经济社会发展提供技术技能人才支持。

学校下设城市建设学院、信息工程学院、机电工程学院、艺术设计学院、工商学院、旅游学院、教育学院等七个高职二级学院，一个开放教育学院，一个公共教学部。目前共开设城建类、电子信息类、机电类、艺术设计传媒类、经济管理类、旅游管理

[①] 主要内容来源于杭州科技职业技术学院官网和其年度质量报告。

类、文化教育类等七大类31个专业，高职全日制在校生近9000人。在编教职工520余人，副高级以上职称120人，专任教师270余人，"双师"素质教师占比超过50%。

学校现有杭州城区、高桥、严州三个校区，总占地面积约850亩，总建筑面积约37万平方米。其中位于杭州富阳高教综合体内的高桥主校区，占地面积710余亩，建筑面积约31万平方米。学校教学、科研、实训和文体设施条件优越，现有各类仪器设施设备总值近1亿元。学校建有国内水平一流的多功能、现代化大学图书馆和信息网络中心，馆藏各类图书近70万册。学校拥有面积近3.5万平方米的独立创业园大楼，方便师生开展创业创新活动。

（二）模式内容

杭州科技职业技术学院的前身是杭州市广播电视大学。2009年，学校在原有电大办学的基础上，正式开始举办高职，成立杭州科技职业技术学院，确立了电大与高职两翼一体的发展模式，实行"两块牌子、一套班子"的管理体制，而这样一个管理体制的背后是资源的深度融合。目前，杭州科技职业技术学院同时有杭州市广播电视大学、市民大学、杭州远程教育中心等几块牌子。作为杭州社区大学的办学主体——杭州科技职业技术学院是一所有着31个专业，以现代服务业和高新技术产业为特色，现有高职全日制在校生9000余人，在职教职工500多人的公办院校。拥有4个校区，其中在杭州主城区市中心有2个校区，主校区占地面积710余亩，建有教学楼、实训楼、创新创业产业园（留学生、大学生创业园）、图书馆、陶行知研究馆（校史馆）、文体中心（千人剧场、体育馆）、餐饮中心、学生公寓等主要建筑，设施现代，宜居宜学，是省内目前最漂亮的山水校园、生态校园、人文校园之一。学校还与九鼎装饰、萧宏建设、祐康电子、长春中联等近百家业内知名企业建立了合作关系，建立校外实训基地72个。同时，学校还是一个拥有30多年办学历史，有着丰富成人教育、继续教育、远程教育经验的广播电视大学；是杭州市政府建立的杭州远程教育中心、杭州终身教育基地、杭州社区大学。已成功构建了覆盖杭州八区五县（市）的远程教育网络，形成了以形式灵活、层次丰富、规格多样为基本特征的办学格局，基本实现了教学设施和教学手段现代化、数字化和网络化，整体办学规模和办学实力居全省乃至全国市级电大的领先位置。这两者办学优势的结合，为实施市民的终身教育工程提供了得天独厚的条件。

依托高职教育资源，为社区教育发展注入活力。高职新校区占地710余亩，校舍建筑面积约31万平方米。校区内已建成功能独立的校内实训基地21个，其中市重点实训基地和实验室各1个，省级实训基地3个，省级示范性实训基地1个，中央财政支持建设实训基地项目1个。高职教育为社区教育的发展注入了新的活力，为社区教育教学效果的提升奠定了良好的基础。2010年，学校成立了社会合作部，把学校—政府、学校—开发区、学校—行业、学校—大型企业、学校—社区之间的各类合作项目融合在一起，为社区教育提供了更多实训教育资源，并以此为契机，广泛开展"校政合作、校地合作"的社区教育办学模式，并积极谋划了一系列卓有成效的工作举措：2011年3月24日，杭州富阳创新创业产业园开园仪式隆重举行。仪式上，学校与富阳市正式签订全面战略合作协议，此举将进一步践行高校办学为当地经济建设和社会发展服务的办学宗旨，开创"和衷共济、共铸辉煌"的一体化发展格局。此外，学校与各大企业开展职业技能培训合作，深化"政、校、企、行"等多方合作，服务当地经济发展，加强各类人才培养，进一步提升社区教育品质，加快社区教育内涵建设。

二 福州职业技术学院（福州广播电视大学、福州社区大学）①

（一）学校简介

福州职业技术学院是福州市政府举办的全日制普通高等学校，于2002年9月整合组建，占地572.8亩（尚有预留地400亩），建筑总面积19.32万平方米。设有11个系部，39个全日制高职专业，2个特殊教育专业，2个应用型本科专业。现有在校生19000多人，其中全日制高职在校生7300人，应用型全日制本科在校生76人，各类成人学历在校生12063人。学院自组建以来，办学规模不断扩大，综合实力逐渐增强，实现了内涵式发展、跨越式发展。目前，学院是首家福建省示范性高职院校，教育部高职高专院校人才培养工作水平评估优秀学校，福建省第十届、第十一届文明学校，福建省职业教育先进单位，福建省绿色学校。

学院坚持"政校企合作，内涵式发展"的办学理念，实施与大企业合作战略，强化质量意识和特色培育，践行"明德、利器、厚实、笃行"校训，积极探索项目实战、"三段递进"、订单培养、"三三式"工学结合等人才培养模式改革，构建基于工作过程系统化的专业课程体系，全面加强学生职业能力培养，大力推行"双证书"制。根据海峡西岸经济区和省会中心城市产业发展的战略部署，学院主动适应区域经济社会发展对人才的需求，力求专业及专业群的建设与区域产业集群的发展紧密对接，形成了对接区域产业发展的文化创意、旅游休闲管理、经营管理、财会金融、建筑工程管理、信息技术工程、电子工程、机电工程、交通工程等九个专业群。

---

① 主要内容来源于福州职业技术学院官网和其年度质量报告。

学院高度重视政校企合作办学体制机制的改革创新，成立了由政府主导、行业企业参与的学院政校企合作办学理事会，学院与福州市经委、市商贸服务业局、市旅游局、青口投资区管委会、福清融侨经济技术开发区管委会组建了福州市电子信息与机械、动漫游戏、商贸服务、旅游服务、青口投资区、融侨开发区等4个行业、2个园区政校企合作工作委员会，并在其指导下合作成立了福建省电梯职教集团，金科网络技术管理学院和国际教育学院等2个二级学院，"思科网络实践与创新中心"等5个技术与社会服务中心，与迅达电梯、福州地铁、东南汽车、中国人寿保险福州分公司、冠捷电子、沃尔玛、思科（中国）公司、网龙（中国）公司、西湖大酒店等企业共建专业、订单式培养，并建立了105个运行良好并有保障机制的院外实践教学基地。

（二）模式内容

福州职业技术学院于2002年9月正式挂牌成立，是福州市政府举办的全日制普通高等学校。学院由1958年成立的福州业余大学、1959年成立的福州工人业余大学和成立于1979年的福州广播电视大学组建而成，2004年1月福州商业学校正式并入学院。目前，学院实行福州职业技术学院、福州广播电视大学"两块牌子、一套班子"的管理模式。福州市社区大学自2010年12月14日揭牌以来，依托福州电大、福州职业技术学院开展了大量的工作。逐渐形成以社区大学为核心、社区学院（社区教育中心）为龙头、街道乡镇社区学校为骨干、乡镇社区教育学习点为基础的社区教育"四级"网络架构。一是成立内设机构，成立了培训教育中心（负责各类社区教育项目具体实施）、技术资源服务中心（负责资源平台运行维护）与教育研究中心（负责项目研发、提供理论指导与构建开放式的学术交流平台）三个内设机构；二是草拟了《福州市社区大学章程》与《福州市社区大学校务委员会成员单位工作职责（征求意见稿）》，拟提交第一次校务委员工作会议讨论；三是积极推动建立县区社区学院；四是做好"福州终身学习在线"网站建设，打造"学习超市"，在网站内容设计上注重突出福州特色，展现福州风采，宣传福州社会发展进步成果；五是积极研发拓展各类社区教育培训项目，举办了三期199名社区干部参加的"社区干部岗位培训班"、5期300人参加的机械木工和营业员岗前培训班、50名企业专业技术人员参加的创新教育培训、80多人参加的"摄影基础知识培训班"和"Photoshop图像处理培训班"；与福州监狱加强校地合作，组织近700名服刑人员参加初级缝纫工国家职业技能鉴定。福州市社区大学挂靠福州电大成立以来，开展了一系列丰富多彩的社区教育活动。社区大学开设和依托"福州终身学习在线"网络平台，倡导并实践全民终身教育理念。平台开设"海西专栏""生活百科专栏"，拥有社区教育、职业教育、继续教育、青少年教育、老年教育、农村教育等六大模块和3万多讲视频学习资源，可供学员注册后免费使用。

社区大学秉着"人人皆学、时时能学、处处可学"的理念，有效整合和充分利用福州职业技术学院、福州广播电视大学等高等院校优质教育教学资源和社会各类资源，不断改善办学条件，提高市民科学文化素质和思想道德素质，开展内容丰富、形式多样、寓教于乐的社区教育活动，积极为构建和谐文明社会服务，满足广大市民群众的学习需求。社区大学着眼于满足城乡群众的精神文化需求，发挥福州国家历史文化名城优势，突出区域特色，打造闽都文化。依托学院的网上学习平台，福州市民只要注册登录就可以免费学习，足不出户就可以听课、完成作业、参加考试，接受完整的高等教育和各项非学历培训。学院开展新市民教育工作成效显著，组织编写了适合社区居民学习的六本培训教材，举办了社区大学月度公益讲座和一系列专题教育活动；学院立足于福州的社会经济发展，积极开展各类社会化培训项目，逐步构建全民终身学习平台，与福州市委组织部联合举办村主任的农村经济管理大专班，举办了进城务工人员岗前培训、社区干部岗位培训、事业单位网上登记人员培训、高校心理健康教育教师培训、高校专业技术人员继续教育培训、摄影基础知识培训、高级物流培训、食品药品系列鉴定取证培训、外贸单证员培训、太极拳培训和房地产经理协理培训等，累计培训学员达7000余人。

学院利用社区大学月度公益讲坛（道德讲堂）这一载体，加强对闽都传统文化的传播。在全市10个社区设立校外直属教学点，开展送文化下乡活动。聘请福建省民俗专家、福建省民间文化优秀传承人方炳桂等民俗、摄影、书法、文史界的知名专家、学者担任社区大学客座教授。他们定期到社区大学为广大市民上课，传播闽都文化，如举办《三坊七巷风情谈》《福州城市精神与民俗文化》《以德立身，以诚兴业，争做文明公民》讲座等，还组织撰写社区教育校本教材，如《人生感悟》《楹联十记》《应用法律读本》《和美社区大家唱》等，增强育人功能，彰显文化魅力。学院的社区大学还举办多场大型社区文艺晚会，节目素材源自福州传统文化，表演异彩纷呈。

案例3 开办社区大学推进终身教育服务海西经济

福州市社区大学挂靠学院（福州广播电视大学）成立至今已四年。目前，以社区大学为核心、社区学院（社区教育中心）为龙头、街道乡镇社区学校为骨干、乡镇社区教育学习点为基础的社区教育"四级"网络架构已日趋成熟;"福州终身学习在线"网站作为福州市民开展远程教育的网络平台,现拥有社区教育、职业教育、继续教育、青少年教育、老年教育、农村教育等六大模块和3万多单元视频学习资源,依托该平台,福州市民只要注册登录就可以免费学习,足不出户就可以听课、完成作业、参加考试,接受完整的高等教育和各项非学历培训。学院积极开展社区教育、终身教育活动,强力助推学习型城市建设,如组织编写了适合社区居民学习的多本培训教材,举办了全市成教(社区)专干培训和两期社区工作者岗位培训班,合计人数2153人,超过全省培训总数的1/4。社区大学月度公益讲座和"南仙茶摊学习圈"分别荣获省、市社区教育优秀品牌,并获嘉奖。

第三节 高职院校与现有社区学院联合体模式

第三种模式是高职院校与现有社区学院组建社区教育、职业教育联合体模式,其国内的典型代表为四川国际标榜职业学院与成都市龙泉驿区社区教育学院组建的成都市龙泉驿区市民终身学习服务中心。[①]

一 四川国际标榜职业学院学校简介

学院创办于1993年,最初的名称为"国际标榜职业技能培训中心"。1994年更名为"四川创美学院",1998年更名为"四川国际标榜发型美容专修学校",自1999年开始招收两年制大专学历文凭考试学生。2002年,经四川省人民政府批准并报教

---

① 主要内容来源于四川国际标榜职业学院官网和其年度质量报告。

育部备案，更名为"四川国际标榜职业学院"，成为专科层次的普通高校，招收三年制和五年制高职学生。四川国际标榜职业学院是国家批准的全日制普通高校，同时开展多层次的继续教育。学院坚持"以美与健康提升人的生命质量"的办学理念，秉承"以生为本，德育为先，能力为重，全面发展"的育人方针。践行服务人们对美与健康生活的需求，学习并引进国际国内先进的教育理论和方法，基于中国文化经济的具体实际开展教育活动。让每一位求学者获得发展的能力，惠及社会的教育使命。学院的人才培养目标以艺术（时尚）设计专业为主，在服务人们美与健康生活需求的职业领域，培养具有民族文化传承修养和国际视野的高素质技能型专门人才。努力创建传承中国优秀文化与技艺、博雅精专、具有中国特色而又国际化的技术应用型精品高等职业学院。

学院从1993年创立以来，一直坚持"以美提升人生命质量的信念"，并以此探索服务人对美与健康生活质量不断提升的职业教育价值取向的教育之道。在20多年的求索发展中，学院紧跟时代需求，不断拓展教育实践，积极寻求对外合作，实现了全面快速发展。2012年学院全日制普通高等教育在校生规模已达到7000余人，为社会培养高职人才73000人，非学历技能人才26000余人，境外非学历学生1530人。学院成为融学历教育、培训与职业技能鉴定为一体，在行业领先、全国有较大知名度的综合性技能人才培养和职业教育培训基地。

学院开放的体制优势，广纳海内外人才，教师年富力强、精力充沛，专业化发展，建立了以"双师素质"教师为主的多元结构教师队伍。打造省级教学团队2个，引进非物质文化遗产传承人2人，能工巧匠6人，专职外籍、港台专任教师20名，每年还邀请多名国内外知名专家、学者到校开设讲座。

二　模式内容

2011年8月,成都龙泉驿区教育局、龙泉驿区社区教育学院、四川国际标榜职业学院三方签署合作共建协议,并由区社教委正式行文成立"市民终身学习服务中心"。原则是资源共享、优势互补、服务民生、满足需求;任务主要是开展市民终身学习研究,开发市民终身学习的课程资源,开展职业培训,进行提高生活质量教育,创新教育旅游服务,构建学习型社会建设新模式和终身学习服务共同体。

龙泉驿区教育局负责"中心"的统筹、协调、政策和经费支持,以及督导等工作;龙泉驿区社区教育学院负责数字化学习服务平台的建设、管理、运营和维护,模式创新,志愿者队伍组建,市民教育培训组织等工作;四川国际标榜职业学院负责培训基地和教育旅游景区创建,职教模式创新,市民职业教育培训和职业资格鉴定,"中心"的服务、管理与运营等工作。

职业教育与社区教育融合,促进标榜学院融入社区教育,融入当地建设,引领社区发展。学院利用全国城乡数字化信息教育基地龙泉驿区市民终身学习服务中心对龙泉驿区市民、妇女提供专业技能培训、礼仪讲座培训、基础生活化妆,协助当地政府实现城乡统筹工作,帮助市民积极主动融入城市居民生活。充分发挥资源优势,服务龙泉驿区经济社会建设,更好地满足社区居民职业发展和提高生活品质的多样化学习需求。目前,该中心开展了资源建设、学习设计、系统整合框架、融入社区教育的内涵与特色、资源的灵活使用、资源分类与课程开发,以及市民学习的评价和控制、学员生涯规划定位导航等项目设计,为学习者提供了方便、灵活、个性化的学习环境。同时,也为在校大学生提供了参加社会实践的机会,达到了多赢的效果。

第四节 高职院校与街道办校政共建模式

第四种是高职院校与街道办校政共建社区学院的模式，其国内典型代表是青岛职业技术学院与青岛市黄岛区灵珠山街道办事处共建青岛职业技术学院（灵珠山社区学院）。[①]

一 学校简介

青岛职业技术学院是一所省市共管、以市管为主的全日制普通高校。学院于2000年10月在原青岛市职工大学的基础上成立，2002年4月与原青岛教育学院合并，组建成新的青岛职业技术学院。

学院主要从事全日制高职教育和社会职业技能培训，兼顾成人学历教育、中外合作学历教育及中小学教师、校长培训等，具有接收外国留学生资质和聘请外国文教专家资格。现有西校区（青岛市黄岛区）、南校区（青岛市市南区）和中校区（青岛市市北区）三个校区，占地54万平方米，教职工760人，全日制高职在校生10300人，每年完成各类培训近20万人时。设有海尔学院（机电学院）、软件与服务外包学院（信息学院）、生物与化工学院（蓝色工程学院）、旅游学院、商学院、教育学院、艺术学院七个二级学院。招生专业控制在30个左右，其中机电一体化技术、商务管理（家电）、物流管理、旅游管理、软件技术、服装设计、市场营销（啤酒）、应用电子技术和应用化工技术九个专业是国家重点专业。拥有国家职业教育数控实训基地、电工电子与自动化技术实训基地、全国物联网技术应用专业人才

[①] 主要内容来源于青岛职业技术学院官网和其年度质量报告。

实训基地、全国农村信息化专业人才实训基地、国家软件技术专业实训基地、全国移动互联网创新教育基地、国家首批高等职业学校骨干教师国家级培训项目基地、教育部网络教育数字化学习资源分中心、团中央 KAB 创业教育基地等九个国家级实训基地。拥有青岛市服务外包实训基地、物联网应用技术研究院。与青岛开发区灵珠山街道办建设全国高职院校首个在城镇社区建设的社区学院。与海尔集团等知名企业合作建立校外实训基地 181 个。在新加坡、韩国、日本开辟了 20 个海外实训基地。拥有法国、新加坡、日本、韩国、新西兰、爱尔兰六个海外校友会。

在青岛市委、市政府的正确领导和社会各界的大力支持下，学院确定了"品牌办学"战略，确立了"技高品端"的人才培养目标，秉持"修能、致用"院训，创立"实境耦合"人才培养模式，弘扬"卓越、唯是、协同、学习"的学院精神。学院探索研究校企合作、工学结合的有效途径。2006 年创立"实境耦合"人才培养模式；2009 年，该模式获第六届高等教育教学成果奖国家级二等奖；2012 年，学院大力强化内涵发展，强化学生在教育活动中的主动性，开始探索"学"字当头的"学教做合一"人才培养模式。按岗位群设课，突出实践教学，实行等级制考核和"三证书"制度，改革传统的教学方式。实施与大企业合作战略，与海尔集团、青啤公司、海信集团、甲骨文公司等知名企业建立长期稳定的合作办学关系。将学生就业率作为衡量办学水平的第一指标，"以就业为导向"融入专业设置和教育教学全过程，实现了毕业生高就业率和高质量就业，就业率稳定在 96% 以上。学院与 17 个国家和地区的 69 所院校（机构）建立了友好合作与交流关系。广泛开展社会服务，为 188 家企业和机构培训员工 3 万余名，1.6 万人考取各级职业资格证书。通过青岛市继续教育基地为社会培训各类非学历教育人员累计 3 万人，开设山东省高职院校大学生咨询等多条心理咨询热线。与16所中西部高职院校建立对口合作关系。

二　模式内容

2014年3月，青岛职业技术学院与青岛市黄岛区灵珠山街道办事处签订战略合作协议暨社区学院揭牌仪式。这是全国首个由高职院校和街道办在城镇社区建设的社区学院。

青岛职业技术学院和青岛经济技术开发区灵珠山街道办事处本着"优势互补、资源共享、互惠双赢、共同发展"的原则，建立长期、紧密、全面的战略合作关系，共建"青岛职业技术学院灵珠山社区学院"。充分发挥高职院校的专业技术优势和示范辐射作用，同时发挥灵珠山街道办事处地域资源优势。双方将在师资、科研、服务社区劳动力转移、产业转型升级、职业技能培训、社区文化建设等方面展开全面深入合作。在此基础上，双方还将共建社区职业技能培训基地、教师研修基地、社会实践基地、农校合作基地、劳动课基地等，实现专业产业对接和深度文化共建。为更好地发挥高校的人才优势和社区的资源优势，搭建区校合作平台，推进灵珠山街道办事处城镇化建设，创建区校合作典范，社区学院的功能是发挥青岛职业技术学院人才、师资、科研、技术优势，服务社区劳动力转移、产业转型升级、职业技能培训、社区文化建设等；发挥办事处的资源优势，为青岛职业技术学院教师科研、学生实训实践搭建平台。2014年开展专题讲座2次；举行"名家笔会"1场；"青岛市女书画家协会写生基地"揭牌；申报省级课题1项；开展"读书社区行"活动捐赠图书2000余册；开展"双百融合计划""美丽乡村行""小马支教"等系列实践活动11次，师生1400余人次参与其中。

案例 4 青岛职业技术学院灵珠山社区学院 2014 年工作方案

一　建立社区职业技能培训基地和职业资格鉴定基地

面向社区中小学、幼儿园开展教师培训活动，面向社区居民和辖区内企业员工开展职业技能培训，依托青岛职业技术学院"青岛市国家职业技能鉴定36所"这一平台，组织开展维修电工、化学检验工、化工总控工、美容师等职业资格技能鉴定等。

二　建立教师社会实践基地

在青岛职业技术学院专业教师与办事处各部门及辖区内企业建立聘任制度，青职学院教师参与相关部门和企业的规划、策划、管理、科研并提供技术服务等。

三　建立大学生社会实践和劳动基地

为大学生提供志愿服务平台，"院系—社区"结对共建，学生社团与社区文化社团共建，大学生广泛参与社区文化建设、文化体育交流、支教、社区挂职、社区环境治理、景区服务等活动。组织学生到社区承担一定的劳动任务，丰富劳动课内涵，使学生在劳动中接受教育，充分发挥劳动育人功能，提升学生综合素质等。

四　建立农校合作基地

采用订单式合作方式，由青岛职业技术学院食堂直接到社区农产品种植户中定期采购物美价廉的农产品等。

五　建设社区图书馆

将青岛职业技术学院图书馆面向社区开放，在灵珠山社区建设分馆，图书资源与社区图书室流动交换，实现资源共享等。

六 打造最美乡村游特色品牌

参与办事处旅游联盟工作运行;旅游产业对接与旅游项目开发;设计开发和推广乡村游项目、线路,打造最美乡村游特色品牌等。

七 设立"社区大讲堂"

组织专家教授定期为社区开展劳动技能培训、文化素质培训、科技知识讲座、心理辅导等。

第五节 几点启示

一 牢固树立"大职教"理念,高职院校办学要"顶天立地"

职业学校特别是高职院校一定要树立"大职教"理念,办学要既做好专业研究和建设,又要紧密结合当地和社区的实际。作为与社会经济发展密切相关的高等职业教育的改革与发展,其办学功能的发挥并非只是对接受高等职业教育的在校生而言的,它还应特别注意发挥其对社会人员的服务功能作用。高等职业教育要走与社区教育相结合的道路。北京作为首善之区,已经提出了建构终身教育体系的目标,社区教育与高等职业教育在这个目标体系的构建中都有着重要的意义。如果能寻求两者有效的结合途径,实现两者间的相互促进,对整个体系的构建无疑将起到积极的推动作用。学校一般多是社区教育的文化中心、活动中心、教育中心,在开放的系统中,高职学校向社区开放,既是构建终身教育体系、向学习化社会迈进的客观要求,也是提高社区人员就业能力的有效途径。教育的主要任务是培养人,但培养人不是学校的全部任务,学校的任务还包括为社会提供服务。高等职业教育也正是在其为社会培训、开展社区教育的过程中实现其服务作用的。

高职院校进行社区化办学的探索，是院校自身发展的一次"自我革命"，它要求在相当程度上对院校自身的办学方向、办学目标、办学过程、办学实效进行调整甚至颠覆重构，这仅凭政府文件和上级指示等外力是难以完成的，必须依靠院校自身的内生动力。内生动力的激发，来源于办学理念的更新、办学思想的校正，来源于对职业院校时代使命的认知、对传统教育缺陷弊端的认知，来源于对教育教学惯性惰性的摒弃。内生动力的激发是高职院校实现社区化办学的首要条件。

二 做好顶层设计，进行深度的资源整合和机制创新

高职院校的社区化办学，是一种创新的办学模式，它要求院校突破"关门办学"的模式，与地方政府、与社区、与产业、与企业、与社会组织等合作办学，"积极探索多元主体合作共赢的集团化办学机制"，院校原有的机构设置、管理体制当然难以当此大任。院校需要在机构设置、权限划分、责任分担等方面重新做好"合作共赢"办学体制的顶层设计与构建工作，以便"落实各方主体责任"。这样，顶层设计与构建才能为社区化办学提供体制保证。

高职院校的社区化办学要在深度整合资源和深化体制变革上下功夫。杭州社区大学同时有杭州市广播电视大学、市民大学、杭州远程教育中心等几块牌子，学校与杭州科技职业技术学院实行"两块牌子、一套班子"的管理体制，而这样一个管理体制的背后是资源的深度融合。社区教育发展不均衡，资源不足是一个突出问题。但解决资源不足绝不是都要重建，而应更多考虑融合，尤其考虑同职业教育资源的融合。

高职院校的社区化办学，是院校办学方式的重大转变，为了

使这种转变有秩序推进、有规律可循，院校必须努力探索并尽快形成切合自身实际的、行之有效的社区化办学运作机制。机制是制度化的运作方式，好的机制一经形成，便会按照一定规律自发、能动地运行，以有效的方式激发各方活力，形成办学合力，依成熟有序的方式运作。既能保证相对稳定的运作秩序，又可获取前所未有的良好运作效果。

三 应重视各类教育的资源共享和统筹职成教资源

当前各级各类教育资源概括起来，可分为四类：一是公共设施类。即专业性资源，主要指各级各类学校，这是建设学习型城市必不可少的支撑性资源；非专业性资源，包括少年宫、图书馆、博物馆等；可兼容性资源，主要指各类科研机构等。二是人力资源类。即显性资源，包括在职或者退休的教师、科研人员和其他教育工作者等；非显性资源，主要指各类专家、专业技术人员和能工巧匠等；传统文化性资源，包括能进行传统的思想道德教育、法制教育等的各部门工作人员、离退休老领导及其他适宜人员。三是信息传播类。包括各种媒体、剪报、板报、宣传栏、网络等，这是最灵活，最有先进性、即时性的资源。四是社会组织类。包括家庭、协会、企事业单位以及其他社会组织等。推进高职院校的社区化办学，必须要整合和充分利用各类教育资源，要解决好三个问题：一是广开思路，力避教育部门"单打独斗"、勉为其难；二是统筹规划，力避资源配置"旱涝不均"、各自为政；三是健全制度，力避资源利用"忽冷忽热"、随己所欲。

高职院校的社区化办学还要统筹职成教资源，进一步整合理顺各地社区教育组织管理结构和运行机制，依托现有区域内职工大学（社区学院）或高等职业学院、开放大学分校、中等职业学校、社区教育中心、成人教育中心等教育机构，各区县建立一所具有独立法人地位和中、高等学历办学资质及各类教育培训等功能的新型社区学院，由区（县）政府主管教育的副区（县）长任院长，设常务副院长主持日常工作。由教育行政部门提出原则性意见，各地结合本地区实际进行组建。制定新型社区学院办学基本条件和标准。

第五章

北京市社区学院发展情况

截至2014年,北京市的16个区县基本上都建立起了由社区学院(区成人教育中心、区社区教育中心)、街道(乡镇)社区教育中心、居(村)文明市民学校(成人学校)构成的三级社区教育培训网络。有朝阳区、石景山区、西城区、丰台区、宣武区、东城区、海淀区、昌平区等8个区正式建立了社区学院。社区学院一般以一区属成人高等学校为主体,整合区内其他高等教育资源(如电大分校)、成人学校以及其他教育资源组建而成。社区学院本身还不是独立法人,各组成单位保留独立法人地位,相对独立办学。

第一节 北京市社区教育发展现状

北京社区教育起步于20世纪80年代末,最初社区教育的内容主要局限于社区青少年校外教育。20世纪90年代以来,随着北京经济社会的改革与发展、社区建设的大规模开展以及终身教育体系和学习化社会的创建,北京社区教育的对象不断扩大,内容日渐丰富、社区教育制度不断完善。进入21世纪,北京社区教育整体推进,加速发展,开始迈向全面建设学习型社区的新阶段，朝阳区和西城区先后被确定为全国社区教育试验区。经过20多年的发展，北京目前已初步建立起现代社区教育体系的基本框架，学习型社区已相对成熟。

一 社区教育已成为各级政府的重要工作职能之一

20世纪90年代以来，北京市建立了每两年召开一次全市性社区教育工作会议的制度，加大了对社区教育工作研究、交流与宣传的力度，北京市各级政府对社区教育的内涵、本质和重要意义的认识进一步深入，发展社区教育、创建学习型社区已被广泛纳入各级政府的工作职能和工作目标。

首先，北京市政府明确将社区教育纳入政府规划，使之成为政府的重要工作职能和目标。《北京市"十五"时期教育发展规划》明确："积极推进社区教育试点；多种形式、多种模式建立适应区域经济建设和社会发展的社区学院。广泛开展面向社会各类成员的科普教育和社会文化生活等教育。"《北京市"十二五"时期教育发展规划》进一步提出：完善社区教育办学网络。加大投入，加强区（县）、街道（乡镇）、居（村）三级社区教育办学实体建设，制定三级社区教育办学点标准。

其次，北京16个区县政府明确将社区教育纳入政府国民经济与社会发展规划或教育事业发展规划，社区教育已成为区县政府的重要职能和工作任务。

最后，在北京市政府和各区县政府的带动下，北京各乡镇政府和街道办事处也普遍将社区教育纳入自身的工作职能和目标，并制订出发展社区教育的专项工作计划。

二 社区教育的规范化、制度化

进入21世纪以来，北京市各级政府及其教育行政部门明显加大了对社区教育的统筹管理力度,出台了一系列社区教育的专项政策文件,有力地促进了北京社区教育的健康发展。

2002年12月,北京市教委印发了《关于全面推动社区教育发展 促进首都学习化社区建设的意见》,明确提出:"各区县要根据实际,在3—5年内建立较为完善的社区教育体系,基本形成具有区域特色、能满足社区成员日益增长的精神文化需要的学习化社区。力争用8—10年时间,将北京建设成为学习化城市。"这标志着北京社区教育发展进入了全面建设学习化社区的新阶段。

2001年4月印发的《2001—2005年北京市成人教育培训工程》将"社区教育工程"作为四个子工程之一列入其中,提出了明确的工程目标和任务。6月,北京市人民政府办公厅转发了北京市教委《关于加快发展社区教育的意见》,明确北京社区教育发展的指导思想、基本目标和任务、保障措施。7月,市教委印发了《关于在全市开展"发展社区教育 促进学习化社区建设先进区县"评估工作的通知》,并制定了《发展社区教育 促进学习化社区建设先进区县评估指标体系》,对学习化社区建设先进区县评估工作做了全面部署。

2002年5月,北京市教委又先后印发了《北京市教育委员会关于加强街道社区教育中心建设的通知》《北京市教育委员会关于印发北京市示范性社区教育中心建设标准的通知》《北京市教育委员会关于加强对北京市乡(镇)村成人文化技术学校检查的通知》等文件,大力推进北京社区教育培训基地和网络建设,努力提高北京社区教育发展的设施设备水平,夯实社区教育发展的物质基础。

与此同时,北京市各区县政府及其教育部门均制定并出台了一系列有关促进并规范社区教育发展的地方性政策文件。

（一）西城区

2001年6月，北京市西城区政府办公室发布《关于全面推进社区教育发展，促进学习化社区建设的实施意见》，对西城区发展社区教育、创建学习化社区工作进行全面部署。2001年8月，原西城区成人教育局发布《关于在西城区开展"发展社区教育 促进学习化社区建设先进街道"评估工作的通知》，并提出了《西城区发展社区教育 促进学习化社区建设先进街道评估指标体系》。2001年8月，原西城区成人教育局发布《关于印发学习型社区、学习型组织、学习化家庭等三个文件的通知》，提出了创建学习型社区、学习型组织、学习化家庭具体的指标体系。2002年9月，西城区社区教育委员会发布《关于在西城区开展创建"学习型组织"活动的通知》。2002年11月，西城区社区教育委员会发布《关于印发〈学习型单位标准〉等三个文件的通知》。2002年12月，北京西城区政府办公室发布《关于建设全国社区教育实验区的实施意见》，等等。

（二）丰台区

2003年1月，丰台区人民政府发布《大力推进社区教育工作的意见》。2003年6月，丰台区社区教育委员会发布《关于建立街道、乡（镇）社区教育机构的意见》《关于印发2003—2004年丰台区社区教育发展规划的通知》和《关于做好基层文化教育资源共享工作的通知》等。

（三）平谷区

2002年3月，平谷区人民政府发布《关于大力开展社区教育的决定》。2002年8月，平谷区教委发布《社区教育工程实施方案》。2002年10月，平谷区教委发布《示范性村成人学校（社区文明大院）标准》。2003年5月，平谷区教委发布《关于示范性镇（乡）成人学校（社区教育中心）办学标准》等。

北京市各级政府及其教育行政部门有关社区教育政策文件的发布和实施，强化了北京社区教育发展的行动推动力度，也推进了北京社区教育规范化、制度化的进程。

三　丰富多样的社区教育活动

随着社区教育体系的建立和完善，社区教育工作的组织基础、物质基础、人员基础得到明显加强，北京各区县以街道社区和乡镇社区为主体，面向社区居民开展了内容丰富、形式多样的社区教育活动。

西城区在社区学前教育方面，坚持以街道社区为主，充分发挥政府办园的优势，加强对社区散居儿童的教育，取得良好效果，0—6岁学龄前儿童受教育率达到98%。在社区青少年校外教育方面，特别重视科技教育、环保教育和可持续发展教育，在社区开辟了绿色教育中心和环保中心。在市民教育方面，广泛开展了普法、科普、妇女、卫生、职业技能、外语以及社会文化生活等方面的教育。2001年全区各级各类市民学校开展各类培训活动达256809人次，超过全区常住人口的20%。2001年全区组织老年人参加各种教育活动达99661人次，占全区老年人口的68.66%。

海淀区一贯重视社区学龄前儿童的教育，0—6岁学龄前儿童受教育率，城镇地区超过98%，农村地区超过90%。2000年海淀区被国务院妇女儿童工作委员会授予"全国少儿工作标兵区"的称号。在社区青少年教育方面，区青少年活动中心和各个学校通过课堂内外的各种活动，对学生进行德育、法制观念、实践和生存能力等方面的教育培养，组织他们到社区和部队进行文艺演出，参加"科技周"和各项科技竞赛活动。全区现有科普教育基地22个，2000年以来中小学参加科技活动人数超过总人数的95%。充分发挥区家教指导中心的作用，以社区家长学校为阵地，开展了各种形式的教育培训。举办了家庭藏书状元评比、家庭读书演讲会、爱我家园摄影展等活动。在市民教育方面，各街道、乡镇市民学校常年坚持为社区居民开展各种职业技能培训、妇女教育、市民普法教育、健身教育以及各种社会文化生活教育。每年参加培训总人数超过59万人次，占常住人口的26%。全区老年人中经常参加各种教育培训活动的人数达到16万人，占老年人口的60%以上。各个街道市民学校通过举办培训班、参观访问、发放宣传材料和知识竞赛等方式对外来务工经商人员进行教育培训，2000年以来，共有12万人次参加培训。由北京大学学生组成的"文明市民讲师团"自1996年以来，一直活跃在建筑工地、农贸市场、宾馆饭店，为外来务工经商人员进行培训，授课达1000多节，接受培训的外来人员有2万人次。

朝阳区各个街道积极开展青少年校外教育活动，通过组织社区青少年观看革命历史影片、请老干部讲战争岁月的经历、组织观看"崇尚科学"大型图片展等活动，培养青少年从小树立科学的世界观。为提高残疾人的素质和职业技能，朝阳区面向社区残疾人组织了计算机、按摩师、保险、康复保健等方面的培训。为带动居民积极参加精神文明建设活动，各个街道采取专题讲座、知识竞赛、座谈会、巡回授课、参观考察、征文、文体活动、主题研讨会等教育形式，举办政策形势、法律法规、外语、计算机、科普、环保、医疗保健知识等培训，满足社区居民文化生活和精神生活的需要。为丰富社区老人的文化生活，区老龄办成立老年读书会，各街道相继成立老年读书会分会70多个，会员达4500余人。

四　相对成形的社区教育管理体制

目前，北京有近90%的区县已初步建立起了区（县）、街道（乡镇）、居（村）三级社区教育管理体制。

第一级是区（县）社区教育委员会。一般由区（县）党政"一把手"或主管教育的副区长担任社区教育委员会的主任，区（县）教委主任、街道办公室主任等任社区教育委员会的副主任，区（县）政府委办局相关部门的领导任委员。区（县）社区教育委员会下设办公室，一般设在区（县）教育委员会内，由区（县）教委主任担任办公室主任。区（县）社区教育委员会的主要职责是：负责制定本区（县）社区教育发展规划和实施意见并推进规划的落实；对全区（县）社区教育发展进行监督、检查、评估；组织社区教育工作者培训等。区（县）社区教育委员会一般每年召开1—2次全体会，部署、总结全年的社区教育工作。区（县）社区教育委员会的日常工作由区（县）社区教育委员会办公室负责。

第二级是街道（乡镇）社区教育委员会。一般由街道办事处主任或主管教育工作的副主任、乡（镇）长或主管教育的副乡（镇）长任委员会主任。委员会成员包括街道（乡镇）各相关科室的领导和辖区中小学校长、重要企事业单位的领导等。街道（乡镇）社区教育委员会的主要职责是：负责本辖区社区教育的规划、协调、组织、检查等。街道（乡镇）社区教育委员会的日常工作一般放在街道（乡镇）某一科室，如街道文教科、居民科、文明办、乡镇政府文教科等。

目前，北京市已初步建立了社区教育三级办学网络，但三级社区教育培训机构的办学条件、师资水平、管理水平还普遍较弱，远远不能满足社区居民多样化、个性化的教育与学习需求。

第二节 北京市社区学院的发展

在终身教育体系中,就教育时间的维度而言,成人教育具有重要的地位;就教育的层次而言,高等教育举足轻重;就教育与社会的关系而言,社区教育极为重要。而集合了上述所有重要角色的教育机构是社区学院。因此,社区学院在构建终身教育体系、建设学习型城市中发挥着重要的不可替代的作用。

北京市从1994年开始开展社区学院试点工作,对区(县)业余大学、职工大学、电大(分校)工作站、各类职业中专等教育资源进行整合,经市教育行政部门批准,在原职工大学的基础上挂牌成立了社区学院。1999年,朝阳社区学院成立,随后东城、西城、宣武、崇文、海淀、丰台、石景山七个城区相继挂牌成立了社区学院。北京市社区学院这些年来办学条件不断得到改善,截至2014年北京现有的社区学院总占地面积244042平方米,拥有固定资产31105万元,馆藏图书70万册。其中计算机台数、多媒体教室座位和语音室座位数等教学设施基本能够保障教育教学需求。各社区学院普遍开设了文、理、外语、教育、医药、法律、工程、艺术等大类共40余个专业。每年按照北京市教委规划处计划组织招生。目前,经全国成人高考录取,现有专科在校生共计9400人;电大开放教育本专科在校生15000人;每年非学历继续教育、岗位培训、职业资格培训近20万人次,取证近10万人次;社会文化生活教育年培训约5万人次,组织居民开展各项社区教育活动约100万人次。社区学院以面向地区、服务基层为宗旨,以专科学历教育为基础,以非学历教育培训为重点,以社区教育为特色,开展学历教育、非学历教育和社区教育，为社区成员提供全程、全方位教育服务。

第三节　主要社区学院情况概述[①]

一　朝阳社区学院

朝阳社区教育由管理体系和服务支撑体系构成。管理体系三级：区社区教育领导小组（由22个区委办局组成）、街乡层面社区教育管理委员会、社区层面社区教育协调委员会。服务支撑体系三级：朝阳社区学院、街乡社区教育中心、社区（村）层面社区教育学校。社区学院主要在服务支撑体系从区级层面发挥作用。

朝阳社区学院是1999年9月正式挂牌的北京市第一家社区学院。目前，有四个教学区。学院编制145人，内设17个部门。现有教职工126名，高、中级专业技术人员65名。硕士以上学历43名。

学院的办学宗旨是"立足社区，服务社区"，以服务区域发展为出发点，围绕构建终身教育服务体系、建设学习型社会的目标推进工作。办学定位是"以学历教育为基础、以非学历教育为重点、以社会文化生活教育为特色，办人民满意、百姓身边的大学"。

学历教育有职大专科教育：现有4个系、12个专业，910名学生。电大专科、本科共有24个专业，在籍学生4400人。

围绕社会需要，调整专业设置，培养应用型人才。近两年先后开设建筑类、餐饮类四个新专业，围绕培养应用型人才积极进行教学改革。对接区残联，为残疾人工作者开设法律文秘专业大专班。为蟹岛、华膳园管理人员开设酒店管理大专班。对接北京开放大学，规范远程教育管理。

---

①　摘编自北京市教委职成处提供的相关资料。

非学历教育主要指各种培训。职业资格、职业认证、岗位能力,年培训学员2万余人,约8万人次。

围绕社会需求、民生需要,积极拓宽服务领域,扩大培训规模。与二十几个委办局、社会单位建立合作关系,形成"5+1"项目群。其中,"5"中 一是社会工作者培训;二是教育类培训;三是财会人员培训;四是家庭服务类培训;五是委办局委托培训。"1"是考试服务。

社区教育主要是发挥四个中心的作用:研究中心、指导中心、师资课程资源中心、居民学习管理中心。2014年,社区学院直接面向社区百姓的服务人群大约在14万人。

突出重点人群(老年人、未成年人、农村转移劳动力、流动人口、外籍人),建立和完善社区教育理论指导、督评指导、课程师资派送、数字化学习、老年教育、流动人口教育、家庭教育指导、社区教育活动骨干培训等服务模式。

在做好党建、干部队伍建设的同时,重视教师队伍建设。提出与学院功能适应的能力要求。完善骨干教师培养和评选机制。建立了青年教师沙龙、硕博论坛、师徒结对等工作模式。教职工服务社区教育的综合素质有了明显提高。

二 西城区社区学院(北京市西城经济科学大学)

北京市西城经济科学大学是由西城区政府主办的独立设置成人高等学校。2000年,适应社会教育需求的变化和现代化城市管理模式的变化,特别是终身学习和学习型社会理念的逐步确立,西城区政府整合区内成人教育资源,将1958年成立的西城区职工大学(原名西城区干部业余大学)和1986年成立的西城经济科学大学以及北京广播电视大学西城分校、西城区财贸干部学校、西城区职工中等专业学校合并组建成立了新的西城经济科学大学。并以新的西城经济科学大学为本部，成立了西城区社区学院和西城区文明市民学校总校。

目前，学校是一班人马，六块牌子。即北京市西城经济科学大学、西城区社区学院、北京市西城区文明市民学校总校、北京电大西城分校、西城区学习型城区研究中心、西城区市民终身学习成果认证中心。

经过多年实践探索，西城经济科学大学逐步明确了自身成人高等教育机构和终身教育、构建学习型城区实施机构的基本定位，即以科学发展观为指导，坚持面向地区、服务基层的办学宗旨，开展学历教育、非学历继续教育和社区教育，努力为社区成员提供全程、全方位的教育服务，使学校成为以专科学历教育为基础，以非学历教育培训为重点，以社区教育为特色的新型地区性成人高等学校。

落实西城区委、区政府在全市率先建成学习型城区的新要求，西城经济科学大学紧紧围绕区域经济社会发展战略，不断加强自身建设，努力提高教育服务水平，使成人高等学历教育特色更加鲜明。非学历教育培训与社区教育广泛开展，已经成为社区教育管理的龙头、终身学习制度建设试验和继续教育的基地、市民终身学习支持服务和成果认证管理的平台、地区终身学习服务体系的重要基础和支撑，为区域经济发展和社会进步服务发挥了不可替代的作用。

（一）"社区"特色的学历教育是学校办学的基础

作为地区性成人高等学校，西城经济科学大学始终坚持立足社区的办学宗旨。在西城经济科学大学6000余人的学历教育在校生中，绝大多数是工作或生活在西城区的从业人员。办学中，西城经济科学大学按照"以社区为依托、以改革为主线、以质量为中心、以特色求发展"的方针，努力使开办的学历教育具有鲜明的"社区"特色。

第一，人才培养面向社区。在学历教育的培养目标和专业设置上，研究区域经济建设和社会发展对于人力资源的需求和社区居民的教育需求，按照"贴近职业、贴近市场、贴近学生"的原则调整了专业设置，开设了一批符合社区发展需要、就业情况良好的专业，受到了辖区内政府机关和企事业单位干部、职工和本地区居民的欢迎。

第二，培养模式适应社区。作为居民身边的大学，以满足社区居民教育需求为导向，以培养适用性人才为目标，西城经济科学大学在创新人才培养模式方面进行了探索，逐渐形成了以采用灵活教学手段为主要特点的开放式人才培养模式，努力让居民学得方便、学得实惠、学得着、用得上。

第三，教学改革服务社区。改革是发展的动力。在不断深化课程体系、教学内容、教学方法、教学手段以及考试内容和方法等改革过程中，西城经济科学大学把加强专业、课程、教材和实践基地建设，提升学生的创新能力和从业能力及服务社区、建设社区有机地结合起来，在实践中取得了较好的效果。

第四，质量建设结合社区。在教学质量监控和保障体系建设上，西城经济科学大学除了坚持依法办学，把严格教学管理、提高教育教学质量放在首位，在制度化和规范化上下功夫以外，还通过对毕业生跟踪调查等方式，把社区用人单位对毕业生的满意度纳入质量评价体系。

由于坚持"社区"特色，多年来，西城经济科学大学为西城区培养了大批"留得住、用得上"的人才，有效地支持了区域经济发展和社会进步，得到了区委、区政府、区内企事业单位及市民的认可。目前，学校学历教育规模比较稳定，教学质量稳步提高，已经成为满足区域内高等教育多样化需求的重要形式。

（二）多层次、多类型的非学历继续教育培训是学校办学的重点

西城经济科学大学作为西城区举办的高等教育机构，直接有效地为区域经济和社会发展服务是学校的基本职能。多年来，学校紧紧围绕区域经济发展战略和社会发展目标，以非学历教育培训为重点，年培训量超过15000人次。

一是面向承担区域经济建设和社会发展工作的"当班人"培训，丰富和提高他们所急需的知识、技能和素质。这类培训的特点是职业性、岗位性。

二是改变知识弱势群体生存状态的公益性培训，为构建和谐社会尽教育之责。这类培训的特点是公益性。

三是针对实施职业准入制度后职业资格证书的取证培训，为专业人才提供服务。这类培训的特点是职业要求的直接针对性。

（三）社区教育的龙头作用使社区学院独树一帜

2000年，西城区政府对西城经济科学大学、西城区社区学院、西城区文明市民学校总校实行一体化建设。经过近10年的实践，社区学院在社区教育中发挥了龙头作用，使西城经济科学大学成为特色鲜明的成人高等教育机构，直接举办和指导的社区教育培训每年超过10万人次。目前，学校成为西城区政府确定的"西城区学习型城区研究中心"和"西城区市民终身学习成果认证中心"。

1. 社区教育三级网络管理体系的龙头

目前，一个以社区学院为龙头、以街道文明市民学校中心校为主体、以社区基层文明市民学校为基础的三级网络管理体系已经建成，成为构建终身教育体系、建设学习型城市的重要力量。

目前，新西城区文明市民学校有总校1所、街道文明市民学校中心校15所、居委会文明市民学校255所。各级文明市民学

校分别制定了《文明市民学校章程》，成立了"文明市民学校（三级）管理委员会"，确定了各级文明市民学校的教育管理功能和职责，建立了"文明市民学校管理制度"，形成了以西城区文明市民学校总校办公室统管、各街道文明市民学校中心校（社区办）主办、街道居委会文明市民学校组织实施的三级管理网络。

由于西城区文明市民学校总校是以西城经济科学大学暨西城区社区学院为依托挂牌成立的，使学校成为三级管理网络的龙头，作用尤为突出。一是发挥指导和协调作用，带动三级管理网络的有效运行，使西城区的社区教育有计划、有组织、有专题，开展得异彩纷呈；二是实施西城经济科学大学暨西城区社区学院、西城区文明市民学校总校一体化办学，将高等教育资源直接服务于市民教育领域；三是学校的三大功能即学历教育、非学历继续教育培训和社区教育之间的良性互动日益显现，在继续教育和终身教育这一大教育平台上相互促进，保证了为市民终身学习开展支持服务的高层次、高水平和可持续。

2. 社区教育开展活动的龙头

在发挥对街道文明市民学校中心校和街道社区教育学校以及社区基层文明市民学校指导作用的同时，学校直接组织辖区内大型的社区教育活动。例如，市民学习周（已举办10届，每届学习周期间参与的居民达10余万人次）、市民外语节（已举办3届）、市民艺术节等。这些活动规模大、要求高、参与广、影响大，已经成为西城区社区教育工作的品牌项目，对区域内各类社区教育活动发挥了引领和示范作用。

3. 社区教育师资队伍建设、资源建设、理论研究的龙头

在师资队伍建设上，学校整合了社区教育师资队伍，建立师资库，于2006年实施了专职教师下社区制度，为西城区市民学校教育活动提供了师资保证。在教材建设上，先后组织编写了几

十部系列培训教材,受到百姓的欢迎。为提供方便快捷的社区教育服务,充分利用现代化教育手段,学校于2001年建立了社区教育网站,并于2008年改版为"学习型西城"网站,为区域内全员、全程、全方位的终身教育和学习型社会的建立搭建了超时空平台。几年来,学校先后完成多项与社区教育相关的市、区级课题,并获得多个奖项。

4. 社区教育工作创新的龙头

为加强市民终身学习激励机制建设,学校在全区推行"市民终身学习积分卡制度"。这一创新举措,有效地激发了市民参与终身学习的积极性,在全国社区教育工作中产生了较大影响。为落实国家及北京市《中长期教育改革和发展规划纲要》中关于"促进各级各类教育纵向衔接、横向沟通,提供多次选择机会,满足个人多样化的学习和发展需要"的要求,学校设计了"西城区市民终身学习成果认证制度",并于2011年4月27日举行了启动仪式暨新闻发布会,标志着该项制度正式实施。

西城区社区学院社区教育工作的指导思想可归纳为"一二五",具体如下:

"一围绕":围绕"做文明有礼的北京人"和"三个北京"建设以及西城区经济社会发展战略的实施。

"二提升":提升市民文明素质和城市文明程度。

"五促进":促进物质文明、精神文明、政治文明、社会文明、生态文明建设。

(四) 工作的创新思路与实践[①]

1. 办好居民身边的大学,进一步发挥龙头作用

面对北京市建设世界城市的新形势和新要求,西城社区学院

---

① 张建国:《大城市中心城区学习型城区建设——北京市西城区的实践与思考》,中国人民大学出版社2013年版。

结合西城区建设学习型城市示范区的实际，按照"一网、五中心、六平台"的建设思路，全面加强自身建设，办好居民身边的大学，进一步发挥龙头作用。

"一网"："学习型西城"网站。

"五中心"：①社区教育三级管理网络协调中心。要通过对区域内教育活动的统筹规划、对三级管理网络体系各方拥有教育资源的统筹安排以及对全区社区教育师资力量的统筹管理，真正成为社区教育三级管理网络协调中心。②市民终身教育学习中心。要全面发挥学历教育、非学历继续教育培训和社会文化生活教育的功能，努力为区域内市民提供多层次、多内容、多形式的教育服务。社区学院作为区政府举办的最高学府，理应发挥教育主阵地的作用，充分利用学校教育资源，将学校建设成为区域内市民终身教育学习中心，成为区域内专业人才培养的"摇篮"、社区群众岗位培训的"超市"、社区居民学习知识的"园地"，真正发挥社区学院的龙头作用。③市民终身学习指导中心。要利用自身智力和人才优势，不断加大对基层学校开展社区教育的指导力度，同时加强对居民学习的指导，将学院建设成名副其实的区域社区教育指导中心，在满足居民基本教育需求的同时引导需求。④学习型城区研究中心。要进一步发挥学习型城区研究中心作用，协调区域内有关部门、社交协会、成教学会、各社区学校、文明市民学校中心校和学院教师组成研究团队，积极开展学习型城区理论和实践研究，推进学习型城区建设工作。⑤终身学习成果认证中心。西城区在全国率先推行了"西城区市民终身学习成果认证制度"，并将西城区社区学院确定为西城区市民终身学习成果认证中心。学校要在西城区学习型城市建设工作领导小组的统一领导下，通过对管理体制、支持服务体系、学分管理和认证体系的构建和运行，实现不同类型学习成果的互认和衔接，初步搭建起终身学习的"立交桥"，努力探索从学习成果评价入手，进行人的素质评价和人力资源综合评价，促进人的全面发展和人力资源强国建设。

"六平台"：①终身教育课程体系的特色课程整合平台。②终身教育队伍建设的组织指导平台。③完善的终身教育科研体系管理平台。④以"市民大课堂"、社区特色课程讲座和"学习型西城"网站为品牌的区域内市民学习平台。⑤成人学历教育与非学历继续教育培训的人才培养平台。⑥市民终身学习成果认证平台。

2. 创新实践市民终身学习成果认证制度，促进学习型城区建设

西城区市民终身学习成果认证制度是以科学发展观为指导，为贯彻党的十七大关于"建立全民学习，终身学习的学习型社会"的精神，落实国家及北京市中长期教育改革和发展规划纲要（2010—2020年）中关于"促进各级各类教育纵向衔接、横向沟通，提供多次选择机会，满足个人多样化的学习和发展需要"的要求，在西城区"市民终身学习积分卡"制度基础上进行的积极尝试和创新实践。旨在通过对管理体制、支持服务体系、学分管理和认证体系的构建和运行，建立一套具有系统性、可操作性的制度体系，实现不同类型学习成果的互认和衔接，初步搭建起终身学习"立交桥"，努力探索从学习成果评价入手，进行人的素质评价和人力资源综合评价，促进人的全面发展和人力资源强国建设。

经过多年实践，社区学院已经成为社区教育三级网络管理体系的龙头、开展终身学习活动的龙头、终身学习服务体系建设（包括师资队伍建设、课程开发与教材建设、网站建设、理论研究）的龙头、社区教育工作创新的龙头。

三　海淀区中关村社区学院

中关村学院（北京市海淀区职工大学）是海淀区政府举办，

集学历继续教育和非学历继续教育、社区教育于一身,为区域经济社会文化发展提供教育服务的独立设置的成人高等教育学校。1958年建校,历史悠久,底蕴深厚,桃李满京城。经过50多年的发展,目前已形成海淀区职工大学、北京市电大海淀分校、中关村学院、海淀区文明市民总校四位一体结构。

全校教职工按照"一体两翼"发展战略,深入贯彻落实科学发展观,以终身学习理念为引领,按照"开放、合作、服务、创新"的总体思路,以"高端、示范、引领"为建设目标,履行高校四大职能,大力推进海淀区继续教育事业,努力提高市民文明素质和城区文明程度,为海淀区终身学习服务体系建设、中关村国家自主创新示范区核心区加速发展做出了创新性的贡献。

学校一校三址,占地78亩。本校区位于北京市北四环中路,奥运大厦西侧,紧邻中关村科技园区;一分院位于学院路八大高校之中的清华东路,与北京林业大学隔街相望;二分院位于中关村环保科技园区的温阳路,是海淀北部新区高新产业基地工业人才培训中心。

学校治学严谨、校风纯正,拥有一支高素质教职工队伍,建有文法、基础、信息工程、艺术、财经五个教研室。同时,创新组织管理模式,为师生可持续发展搭建平台,成立了甘百商学院、文化创意产业研究中心、非物质文化遗产研究教育中心、农村发展与教育研究指导中心等学术交流研究培训机构。以公务员培训基地、海淀区社区教育督导室、中小学社会大课堂等多种形式为载体,在为政府提供智力支持与技术服务的同时,整合行业协会、社会社团组织资源,发挥海淀区教育品牌优势,以多元主体共建实现资源联盟,已经成为一个能够满足市民多样化的学习需求的常态化的服务系统的重要组成部分。

学校大专与本科在校生3400人。现开设有军乐艺术、电脑艺术设计、学前教育等近 30 个专业。其中军乐艺术为市级特色专业；学前教育教学团队被评为北京高校继续教育优秀教学团队；为企业量身打造的商学院特色鲜明，教学实效性强，为企业和区域经济社会发展输送了高质量的应用型高技能人才，初步形成具有海淀特色的专业和课程体系。

学校创新继续教育学习模式，大力发展社区教育。以全国教育规划课题"常青藤"社区终身学习系统建设为引领，建立"中关村学院社区教育体验学习中心"，将学习需求和学习服务进行整合，将社会教育资源与学院教育服务进行整合，将教育服务项目与学习者组织建设和运行进行整合，将学习资源建设与区域发展支持进行整合，将区域教育、文化、文明、经济等诸多发展要素进行整合。自 2011 年 1 月建立以来，接待全国近百个省市地区、60 多个国家上万人学习交流，培训逾万课时 10 多万人次，终身学习系统与体验学堂已经被评为北京市学习品牌，成为国家开放大学认定的全国五家体验式学习基地之首。

在新的发展历史时期，学校本着"立足海淀、面向市场、优化服务、特色创新"的原则，加强学院内部机制探索，加快创新探索步伐，推进终身服务系统建设；发挥学院在海淀区高校与社区教育龙头校的作用，进一步拓展教育服务功能：建立海淀区社区教育教学指导中心、课程研发中心、市民终身学习咨询指导中心、终身学习认证管理中心、海淀区社区教育与学习城区建设理论研究中心。不断积累经验，形成模式，加强理论与实践研究，建成一所地域特点突出、办学特色鲜明、全国一流的社区学院。

存在的发展困难因素主要是：①继续教育与其他教育的沟通衔接制度不健全，终身学习公共服务体系建设亟待推进；②继续教育统筹管理体制尚未形成，规范管理和质量监管机制有待加强；③经费投入机制很不完善，终身教育立法迫在眉睫。

四 其他社区学院情况

(一) 宣武社区学院面向社区的非学历教育

宣武社区学院成立于2002年,它是以区属成人高等学校为主体,整合红旗业余大学、宣武电大、宣武老龄大学等教育资源组建而成的。其办学宗旨是,通过开展学历教育、非学历教育和社会文化生活教育,努力为地区经济建设和社会发展培养实用型人才,为社区提供全员、全程、全方位的教育服务。2003年八个街道相继成立社区分院,成立了108所市民学校。形成了以社区学院为龙头的、以八个街道分院为支撑的、108个市民学校(每个居委会都有)为基础的,区、街、居三级市民教育网络。区委、区政府不断加大对宣武红旗业大的建设力度,目前学院共有4处校区,占地面积近50亩,建筑面积31000平方米。天桥、广内、广外三个街道社区分院面积超过2000平方米,其余分院面积不少于500平方米。

社区学院拥有相对充裕的师资力量和配套设施、设备、资料和师资等软硬件条件,为终身教育活动开展体系搭建平台。在学历教育的培养目标和专业设置上,制定了"对准市场设专业、对准需求设课程、对准实践抓教学、对准社区育人才"的方针,设置了多种办学层次。目前,各类学历教育在校生5056人,开设专业53个。

学院的非学历教育起步较早,重点为岗前培训、岗位技术培训、各类资格性培训、各类专业性培训、继续教育等。几年来,先后为统计局、财政局、民政局、国税局、工商局、档案局、劳动局等举办了各种专业性培训班,为人事局举办公务员培训、继续教育,为区街道办招聘社区干部进行培训,为区金源公司开展职工全员素质教育进行培训,为区明星企业菜百公司招聘新员工进行英语水平测试，为区广内街道办事处进行青年骨干公务员培训等，同时还开展了青少年校外教育的社会培训。现每年各类非学历教育年培训量近万人。

（二）街道、乡镇社区学校建设

长期以来，街乡社区学校的地位、办学主体不清，影响了社区教育和社区学习的普遍开展，不利于终身教育和终身学习的普及和市民参与，也不利于社区教育的专业化、科学化发展。西城区和大兴区，率先解决了街道社区教育学校、乡镇成人教育学校的独立法人设置、人员编制问题，树立了街乡社区学校建设的典型和示范。

（三）房山区乡镇成人教育学校建设

北京市"十二五"规划将房山区定位为首都高端制造业新区和现代生态休闲新城。房山提出坚定不移地走新型城市化道路，推进"一区一城"建设。在这种形势下，积极推进乡镇社区成人职业学校管理体制改革，大力发展社区教育，建设学习型房山，打造人力资源强区的任务尤为迫切。房山区统筹规划社区教育资源，扎实推进乡校管理体制改革，走出一条具有房山特色的发展之路。

房山区牢固树立终身教育理念，从构建终身教育体系、建设学习型城区的高度系统思考乡校管理体制问题，以优化中小学布局调整为契机，特别是实施了山区教育工程，利用腾退出来的教育资源解决办学场地。在没有增加编制和财政负担的前提下，在全区超编的教师中选派了203名教师充实到乡校工作，完成了乡校教师的足额配置。积极争取政府部门支持，确立了23所乡校法人资质，实现了房山社区教育的历史性跨越，为广大市民接受终身教育提供了基础条件。

房山区抓住北京市教委对乡校进行示范校验收的契机，动员街乡政府改善乡校的办学条件，各街乡用于改善乡校办学条件的资金达1.35亿元。同时争取市级财政7200万元，极大改善了乡校的办学条件，办学实力明显增强。积极推进乡校规范化建设，提出了社区教育的工作任务，出台了《乡校管理规程》《乡校教师岗位量化管理意见》《乡校考核办法》等，完善了各项规章制度，把社区教育纳入了督导范畴。

房山区乡校管理体制改革取得显著成效，全区基本形成了以区社教中心为龙头，以23所乡校为骨干，以409所村校和87所市民学校为基础，以38所社会力量办学机构为补充的社区教育网络。在区社教中心建成了区级数字化交互式远程教育平台；在乡校建成了23个远程教育基地和11个双向视频接收站点；在村校和市民学校建成了88个远程教育站点和57个智农天地接收站点。三级远程教育网络的构建，使社区教育突破了时空限制，扩大了教学规模，服务领域遍及全区每个角落。2011年全区乡校共有在读大专以上学员1100人，中专层次在读学员6568人。开发实用技术培训项目94个，推广农业实用技术113项，其中包括"百里核桃园果树栽培与管理技术培训"等，房山区也因此被评为"全国社区教育示范区"，全区42个项目被评为市级教育培训优秀项目。在构建终身教育体系过程中，重点是大力发展成人教育。在推动成人教育发展中，北京市从加强成人教育最薄弱的环节——教学机构建设入手，重点强化了社区学院在推进学习型城区建设中的龙头作用和加强乡镇实体建设两方面工作。近年来，政府及教育行政管理部门在完善学校硬件建设上，不断加大资金投入力度，使成人学校的硬件设备上向现代化的目标迈进了一大步。从目前校舍的使用和教学仪器设备的使用上都能满足教学的需要，提高了教学的质量和效果。特别是部分区县从管理体制问题入手，从根本上解决了街道社区教育学校、乡镇成人教育学校的独立法人设置、教育经费和人员编制问题，为成人学校的持续、稳定发展奠定了基础。

第四节　首都社区学院的发展困境及展望

社区学院作为社区教育开展的核心机构，在北京20多年的发展已取得很大成绩。但是社区学院本身还存在很多亟待解决的问题。

一　主体资质不明确

在终身学习体系建设中，社区学院是学习型区域建设的枢纽，城区的文化建设发展都依靠这样的专业队伍来完成。但是目前北京市16个区县社区学院的主体资质尚不清晰。如朝阳社区学院实际上是依托职业大学履行职能，不是法人单位，有的远郊单位成立了新的社区学院，才成为法人单位。而朝阳社区学院目前仍是职工大学的法人，教师是职工大学的编制。实际上是成人高校的架子，同时兼作社区学院的活。社区学院作为差额拨款事业单位，逐渐被边缘化。社区学院作为社区教育中的清华北大地位没有得到体现。只有社区学院的主体资质得以明确，社区学院的职能才能更加清晰。

二　不同区县的社区学院经费分配不平衡

朝阳区社区学院是北京市第一个成立的社区学院，总体经费情况较好。西城区、海淀区的社区学院经费也能得到相当程度的保证。其他区县的社区学院经费则相对较少，并且项目的分配也极度不平衡，大多用于教师的工资等费用。

三 缺乏专业化、高素质的专职工作者队伍

虽然伴随着北京社区教育的发展，北京已经形成了一支社区教育专职工作者队伍，然而目前从事社区教育工作的专职人员大多没有受过系统的、专业化的社区教育培训，他们的专业素质还有待提高。

受行政编制的限制，在区县教育行政机构、街道办事处和乡镇政府负责社区教育组织与管理的人员往往身兼数职，很难专业化地从事社区教育工作。

由于街道社区教育中心和乡镇社区教育中心不是独立法人机构，这些机构本身并没有独立的人员编制，这就导致街道（乡镇）社区教育中心很难招聘到高素质的年轻人从事社区教育工作。目前在街道（乡镇）社区教育中心的人员其编制要么隶属于街道办事处或镇政府，要么隶属于街道（乡镇）辖区的中小学。一些编制隶属于中小学的工作人员，由于在晋级与职称评定等方面会受到一些不利影响，所以他们很难长期稳定地在街道（乡镇）社区教育中心专心从事社区教育工作。

四 社区内教育资源开放的深度、广度不够

虽然北京各区县街道和乡镇社区近年来通过各种方式大力推进社区内教育资源向社区居民开放，取得一定成绩，但总体看来，社区内各种教育资源向社区开放的广度和深度还十分不够，尚未形成制度化、常规化的社区教育资源开放、共享的有效机制。由于目前还没有普遍建立起一套教育成本补偿机制，社区内的各类学校向社区开放教育资源的积极性普遍不高。

区（县）一级的社区学院本身还不具有独立法人地位，因此，大部分社区学院其实还只是区县原有一些教育机构的松散组

合，社区学院各个组成单位还基本上按原有的办学职能开展教育教学活动。但由于在办学模式、办学功能、运行机制等方面存在的问题，特别是目前从事终身教育工作的专职人员以及专任教师，亦大多来自普通中小学，明显缺乏专业知识和能力。社区学院以学历教育为主，办学的"社区"特征尚不突出。社区学院对街道社区和居委会社区开展社区教育的指导、辐射作用尚未充分发挥出来。相当部分地区的街道（镇乡）社区教育学校（中心）也不是独立法人单位，只是街道（镇乡）下设的内部机构而已，因此，它无法获得稳定的财政拨款，也没有正式的人员编制，学校的规范化建设和长远发展也就无从谈起。街道（镇乡）社区教育学校（中心）建设的好坏依赖于街道（镇乡）领导的重视程度。相当部分街道（乡镇）社区教育学校（中心）存在着办学经费紧张、教育教学设施设备不足、高素质专职教师缺乏等多方面的问题。相当部分的居（村）市民学校（社区学校分校）无专任教师、无稳定经费，办学能力相当弱，只能举办一些简单的群众性社会文化活动，根本无法满足社区居民的需要。

五　未来趋势展望

（一）北京社区教育发展不均衡，资源不足是一个突出问题，但解决资源不足绝不是都要重建，而应更多考虑融合，尤其考虑同职业教育资源的融合

目前，北京职业院校普遍面临生源严重萎缩、生存出现危机的局面，各区县的社区学院、社区教育中心等终身教育机构能否跨越体制障碍，对职业学校教育资源加以整合，从而增强综合实力，面向市民提供更加优质的终身教育和学习服务，这关系到北京市能否实现终身教育的突破性发展。

（二）实施首都高职院校的社区化办学，积极推进依托高职院校特别是国家示范性或骨干高职院校举办新型社区学院

应该实施依托现有区域内高等职业学院、职工大学（社区学院）、开放大学分校、中等职业学校、社区教育中心、成人教育中心等教育机构，建立一批具有独立法人地位和中、高等学历办学资质及各类教育培训等功能的新型社区学院。

第六章

依托北京财贸职业学院创建通州社区学院的探索

——北京城市副中心视野下的通州社区学院创建

在 2012 年北京市第十一次党代会上,北京首次正式提出将通州打造为城市副中心,随后 2013 年和 2014 年北京市政府工作报告中,也明确要求加快通州北京城市副中心的建设。城市副中心,这是北京市对通州的全新定位,也是通州面临的全新的发展机遇,充分表明在北京建设具有中国特色世界城市的道路上,通州要承担更多的城市功能、具有更快的发展速度及承载能力。通州北京城市副中心的发展规划,除了完成核心启动区重大基础设施主体工程之外,还将打造高端商务、现代制造、现代物流、医疗服务、文化旅游等产业,同时要引进建设一批优质教育、医疗、文体等公共服务项目。这对通州人才的需求,比如人员结构、职业结构、就业者的素质等都提出了更高要求。

如何满足当前形势下北京城市副中心建设急需的各种技能型人才需求,便成为当下通州发展亟待解决的问题之一。另外,社区作为城市发展的基本单元,通州北京城市副中心的定位也对通州社区生活环境的建设提出了更高要求:人们在物质生活水平提高的同时,要求提高精神生活质量、提高自身素质和社区文明程度。但是,人口的快速膨胀与教育资源总量不足、教育资源未能充分共享的矛盾逐渐突出,迫切需要多种灵活、方便的教育方式和教育服务,需要有正规教育机构的加入。高职院校推进社区学院建设的模式无疑是解决以上问题的一种有效途径。

北京目前尚无职业院校和高职院校通过建立社区学院等实体办学方式进行职业教育推进社区教育发展的尝试。

如今，北京市大力发展现代服务业、加快通州北京城市副中心建设的发展战略，以及国家发展职业教育的良好政策环境都为高职教育的发展提供了难得的机遇。如前所述，社区教育作为终身教育体系的重要组成部分，是加强和创新社会管理的必要基础和先导，也是创建和谐社区、幸福民生、提升居民生活品质的首要工作，更是加快区域经济结构调整、助推产业升级、增强人力资本要素支撑力的需要。1999年至今，北京市先后建立了10所社区学院，并逐渐成为推动北京市区域发展、社区居民终身学习的重要场所和推动学习型城市建设的重要力量。职业教育一定意义上是要服务区域经济，培养区域经济发展所需的各种技能型、应用型人才。目前，通州区尚未建立社区学院，2014年的《通州区新增产业的禁止和限制目录》中又明确将职业教育和社区教育等列为禁止新增产业。通州区另起炉灶新建一所社区学院目前也不可行，利用现有职业教育学院进行职业教育和社区教育的资源整合，依托现有高职学院筹建通州社区学院才是可行之道。主校区地处通州的北京财贸职业学院"十二五"规划和2014年、2015年学院工作报告都明确提出推进产学研一体化进程，要强化为首都经济，尤其是属地经济服务的意识，推进与区域一体化发展进程，这些都为创建通州社区学院提供了良好的发展契机。因此，依托北京财贸职业学院建立"通州社区学院"，实现人、财、物等资源的共享，将成为首都高职院校积极探索社区教育、服务区域经济发展的创新举措。

通州社区学院的建立，将充分发挥学院人才、师资、科研、技术等多方面资源的优势，为北京城市副中心的建设开展各种不同类型、层次的职前、职后和转岗培训，从而满足不同人群拓展、更新知识，提升技能，提高素质的多种要求，最终实现服务社区劳动力转移、服务产业转型升级、服务社区居民职业技能培训、服务社区文化建设的目的。对于学院而言，更是探索出一条新型的产学融合、区校合作之路，是高职院校推进社区教育发展的新模式。而这也为政府购买社区公共服务，解决政府职能转换滞后及其一系列管理越位和服务缺位问题提供了有效途径。

第一节 高职院校在北京学习型城市建设中的战略定位[①]

进入21世纪以来，随着知识经济的兴起，经济全球化深入发展，科技创新速度加快，构建终身教育体系、建设学习型社会已成为世界范围内，促进经济、政治、社会发展与变革的必然趋势，国家教育改革和发展规划纲要中明确提出要到2020年基本形成学习型社会的战略目标。党的十八大报告和十八届三中全会决定中也再一次明确了这一目标。

学习型城市是以终身教育制度的实施为基本特征、以不断更新和开发劳动力的潜能和素质为基本任务、以保持和不断增进城市经济的可持续发展和不断提高城市人民生活质量为根本目的的城市发展类型，是城市发展道路的一种战略选择。学习型城市能动员和运用各个环节的资源，促进从基础教育到高等教育的包容性学习，重振家庭和社区学习活力，促进工作场所的学习，推广运用现代学习技术，提高学习质量，培育终身学习文化。高等职业教育作为以职业教育为特色的高等教育形态，对学习型城市的

---

① 夏飞：《高职院校在北京学习型城市建设中的战略定位》，《成人教育》2015年第2期。

建设具有特殊的地位和作用。

一 北京学习型城市建设推动首都可持续发展

北京是我国的首都,全国政治中心、文化中心和国际交往中心。有3000多年建城史,800多年建都史,既是历史名城又是现代化、国际化的特大型城市。北京教育发达,知名大学、科研院所云集,学习资源得天独厚。21世纪初,北京正式开启了学习型城市建设进程。创建学习型城市为北京举办一届无与伦比的奥运会,实现"新北京、新奥运"战略、应对国际金融危机转变经济发展方式、构建和谐社会首善之区等全市核心工作奠定了重要基础。

站在建设中国特色世界城市的新起点上,北京呈现五大阶段性特征:经济发展,进入了发展方式转变的攻坚阶段;城市建设管理,进入了实施精细化管理阶段;社会建设和管理,进入了加强服务管理创新阶段;文化建设,进入了推动文化大发展大繁荣的阶段;生态文明建设,进入了高度重视人与自然和谐发展的阶段。同世界上许多国家和地区一样,北京在发展中也面临着一系列挑战。经济发展的质量有待于进一步提高、创新驱动有待于进一步加强;城市公共服务和管理水平有待于进一步提高;文化软实力和文化中心的引领、辐射作用仍需进一步增强;人口与环境资源矛盾仍需进一步研究解决。要破解这些难题,北京深刻地认识到必须转变发展方式,牢固树立以人为本的科学发展观,靠提高人的素质、靠科技创新和管理创新来实现可持续发展。

北京要抓住新一轮产业革命的契机,实现产业升级与创新驱动,要避免中等收入陷阱,创新社会管理、公共服务,要加强国际文化交流,传播"中国声音",要加快建设世界城市步伐,提高在世界城市体系中的影响力,都取决于北京所独有的学习和创新力，根本上取决于人的素质和组织活力。

二 高职院校在北京学习型城市建设中的核心作用

建设学习型城市是北京市政府所做出的一个富有时代精神的战略选择。它是北京实现科学发展观的客观要求，是建设中国特色世界城市的战略举措，是构建和谐社会首善之区的有效途径，是提高城市管理水平的必由之路，是实现教育现代化的重要内容。应将其与城市发展各时期重点任务紧密结合。学习与创新已经成为北京这座国际化大都市的脉搏，渗透到首都发展的各个方面，成为北京精神的要素和城市文化的基因。

终身教育体系是学习型城市的"支架"和两大支柱之一（另一个支柱是构建各类学习型组织）。构建终身教育体系是建设学习型城市的一项系统工程，首要任务是进一步明确各级各类学校教育在终身教育体系中的职能定位。学校是建设学习型城市的重要力量。职业教育是面向人人的教育，高职教育具备职业教育和高等教育的双重属性：高职院校担负着培养服务区域发展的技术技能人才、重点服务企业特别是中小微企业的技术研发和产品升级及加强社区教育和终身学习服务的使命。高职院校必须要重新定位，主动面向社会、面向人人开展社会培训，开放优质资源，重视中华优秀文化的传承与创新，为建设全民学习、终身学习的学习型社会服务。北京建设学习型城市必须有效发挥高职院校在创建学习型城市中人才培养、社会服务、市民素质提高以及满足市民终身学习需求的核心作用和骨干力量，为终身教育体系和学习型城市的建设和发展奠定坚实的基础。

职业教育应面向社会所有人员，为他们提供全面全方位职业教育服务。在学习型城市建设中，高职院校应该面向社会敞开大门，担负起推动社会发展的职责。高职院校必须提高为社会服务的意识，与社会发生更密切的关系，进一步增强开放性。高职院校要积极为社会成员提供多种非学历继续教育，增强为社会继续教育服务的功能。

三 高职院校在推进北京学习型城市建设中的理念转变

鉴于高职院校在北京学习型城市建设中的核心作用和骨干力量，高职院校要调整战略，通过四个转变来实现高职教育与北京学习型城市建设和发展相适应。

（一）人才培养：从技能目标导向向综合素质质量导向转变

学习型城市对城市中的人的最终要求是具备终身学习能力的社会人，更加强调人的综合素质的提升和培养。而北京高职院校目前仍然过多强调培养学生的技术技能，是一种技能目标导向，对学生的综合素质特别是职业精神、职业素养的培养和提升则重视不够或者办法不多。北京首都产业的升级转型，对人才素质特别是综合素质提出了更新更高的要求。如何主动适应北京产业升级换代的需求，深入研究现代职场变化规律和趋势，在人才培养质量方面与产业发展的需求对接，都需要高职院校的人才培养从单一的技能目标导向向培养综合素质质量导向转变。因此，高职院校在坚持职业教育特色的同时，必须注重学生以学习能力为核心、职业精神和职业素养为基础的综合素质的培养。要使学生具备较强的就业能力同时还要具有较强可持续发展能力。通过有关的创业能力培养，培养学生创业意识和精神，增强就业、创业能力。

（二）办学模式：由封闭办学向开放办学转变

学习型城市显著的特征是构筑终身教育体系，使人民享有终身接受良好教育的机会。高职院校应该改变封闭式的办学体系，进一步向社会开放，向企业、社区开放，使校企、校区之间在教学和其他方面进行合作,为社会成员提供受教育机会和多层次、多样化的教育服务,走职业教育与社区、企业协同办学的新路,实现教育社会化,社会教育化。

(三)教育时空:从职前教育向全程职业教育转变

如果从人的整个职业生涯发展规律看,职业教育应该包含从入职前的职业教育到入职后的上岗培训、转岗培训、新知识和新技术培训、晋升培训等整个过程,形成一条链式的职业教育与培训体系即全程职业教育。目前,高职院校主要关注的学习者还是在校的全日制学生,也就是职前教育。虽然开展了一些校友会之类的组织活动,但更多的是只要学生毕业步入社会,学校就认为完成了自己的任务,这显然并不符合学习型城市终身教育的要求。高职院校应该将自己的教育时空转变为全程职业教育,对所有学生进行跟踪关注,必要时为学生提供终身的、个性化的全程服务。还要改变统一的全日制学制,实施适应不同教育培训对象多样化需求的弹性学习制度,使市民可以在任何时间都能够获得自由学习的机会。此外,改变统一的学历教育服务提供方式,实现教育和职业培训功能的多样化,包括非学历教育的学分银行模式、适应就业及转岗的职业培训、满足市民文化生活需求的各类服务培训,建立崭新的全程职业教育培养与培训体系。

(四)专业设置:从简单雷同向紧跟首都发展要求转变

对高职院校来说,专业设置应密切以市场需求和区域经济发展为导向来设置。各区域之间存在的差异使得各区域社会对人才的层次、专业、数量的需求各不相同。为了增强适应经济社会发展的需要,职业教育应在专业设置上更加面向区域发展特点。在考虑到区域分工中的主导产业和重点发展领域的同时,在专业设置上也要坚持跨界的人才自由流动原则。北京目前正在集中力量塑造"北京服务""北京制造"乃至"北京创造"品牌,打造具有国际影响力的文化中心、国际交往中心、科技创新中心城市。据此，在首都核心功能区和拓展区，高职教育应以培养掌握新兴技术、熟悉休闲娱乐知识、具有较高文化品位的国际化市民为主；在城市发展新区，应发展以培养具有现代工业技术和文化基础的现代化劳动者为主；在生态涵养区，高职教育应以培养初级加工和具有一定农业技术的高素质劳动者为主。北京市高职院校的专业设置也要密切关注并积极适应首都城市发展的要求，根据北京城市功能区的不同产业和人才需求，来设置专业。

四 高职院校推进学习型城市建设过程的战略措施

针对上述为适应学习型城市建设高职院校的定位与功能，为更好地推动北京学习型城市建设和发展，高职院校应积极进行多层推进，在服务市民、企业和区域发展等三个层面要有所作为，也大有可为。

（一）积极提升首都市民素质：高职教育服务个人职业发展

北京在建设世界城市过程中，各级各类劳动者起到了巨大的作用。随着北京的城市发展和技术进步，劳动者需要利用自身的学习能力和知识结构，掌握更新后的知识和技能。高职院校需要满足不同层次的学习者在不同职业阶段的需求，为其提供适当的教育和培训，通过灵活学制、学分累计制，实现学习和工作的紧密联系，为不同的学习者制定学习培训包。普遍提升各类专业技术人员、企业职工和广大市民的职业素养和技术水平。一些办学条件好、教育质量高的高职院校应积极争取政府的支持，低收费或免费为进城务工经商人员、残疾人和农村转移人员等弱势群体进行有针对性的职业培训，使他们能够跟上首都城市社会经济发展的步伐。高职院校与合作企业联合，面向企业在职员工，开展基于岗位技能和工作绩效评价的高职招生改革试点，实行以工学交替、学分积累和互认为基础的灵活学习方式,实行现代学徒制,满足各级各类技能型人才职业生涯发展和成长需要,搭建终身学习"立交桥",积极提升首都市民素质,服务个人职业发展。

(二) 大力开展职业培训和进行知识转化:高职教育服务企业发展

1. 高职院校可以为企业提供高质量的职业培训

高职院校应该实现专业技术技能的转化和积累,在发展中创新教学内容,将职业资格证书与学校教育融合,研究未来工作中的关键能力和核心能力标准,根据职业世界的变化,合理设置专业,开发课程,为各种形式的教育和培训以及各类的受教育者提供先进的学习内容和灵活的学习形式。面向社会积极开展多层次、多形式的职业培训。积极开放实训基地、示范专业、精品课程等职业教育教学资源,为各类企业组织提供合适的职业教育课程和技能培训。竞争日益激烈的市场经济与企业竞争力的提升,要求企业及其员工不断学习,使企业成为学习型组织。学习型企业的发展和建设,包括企业自身发展的技术与技能范围,也应包括员工个性和提高生活质量相关的学习和培训。这就势必要求企业与学校等教育机构广泛合作和交流。没有高职教育和培训的企业是短视的企业,没有企业参与的高职教育和培训是有缺陷的。高职院校可以根据自身的优势,增强与企业的合作性课程开发,和企业合作,切实提高学习者的职业适应能力。

2. 加快实现职业技术技能的积累和转化

第三次工业革命的大潮,对劳动者的素质要求不断提高,传统的以农业、工商业为主要内容的职业教育课程发生了变化,而且还在以更快的速度更新。职业院校必须紧跟发展,提炼职场所需要的基本的、核心的技能以及在此基础上重新整合的知识和技能。这个转化的过程需要专业的师资和企业的专家共同完成,因而院校和企业需要建立紧密的联系，充分利用彼此的优质资源，增强各自的核心竞争力。

（三）全面多元开放教育资源：高职教育服务首都区域发展

1. 最大限度开放高职院校教育资源

适应学习型城市发展的高职教育必须向社会开放，尝试各种形式的教育与培训，互为补充，开拓社会服务思路，服务区域经济。高职院校必须注重与行业、企业联系，探讨校企合作思路，吸引更多的投资渠道，将学校融入学习型城市的构建中，丰富高职教育的内容和形式。高职院校应积极实施一体化战略，即要积极寻求与重点专业背靠的行业企业合作，与校区属地合作，在为行业企业及属地服务中得到合作者在拓展办学资源方面的帮助，实现学院与行业企业及属地经济社会的共同发展；把学校教学、科研和社会服务纳入统一战略体系，建立有效的体制与机制，实现产学研一体化发展。

2. 建立高职院校社区服务机制

积极开展高职院校社区化办学。以北京高职院校为依托，建立多功能的新型社区学院或者建立市民学习服务基地。探索社区化办学模式，把高职院校建设成社区教育与科普中心，满足社区群众多方面、多层次的教育需求。高职院校要服务社区经济、文化、教育事业，举办各种形式的职业教育、继续教育和文化生活类课程，在不影响教育教学活动的前提下，推动教室、实训室、图书馆、体育馆等公共文化、教育服务设施和数字化教育资源向社会免费开放，满足社区群众多方面、多层次的教育、文化生活需求。积极开设相关的社区课程。建立北京市社区高职院校联动机制。建立社区和高职院校联席会议制度，支持社区参与制定高职院校发展规划，共同制订职业院校社区服务计划，协调社区企事业单位为职业院校提供实习实践场所，加强校园周边环境综合治理。

第二节　北京城市副中心建设视野下的
　　　　终身教育观

　　2009年以来，北京市委、市政府把通州新城建设放在了北京建设世界城市的重要战略位置，明确提出"集中力量，聚焦通州，借助国际国内资源，尽快形成与首都发展需求相适应的现代化国际新城"，进而决策为"功能完备的首都城市副中心"。2012年，市十一次党代会正式提出将通州打造成为城市副中心。2014年初，习近平总书记在北京视察时，提出要"集中力量打造城市副中心"。市委郭金龙书记在通州调研时进一步明确了北京城市副中心的战略地位。

　　"首都城市副中心"是立足首都北京，面向环渤海的区域服务中心；是成为紧密结合低碳、生态、时尚、文化等元素，践行"人文北京、科技北京、绿色北京"理念的典型示范区。通州区站在新的发展起点上，如果能够在发展中抢抓机遇，抢占制高点，就会迎来更大、更实、更有效的发展。通州区委五届四次全体（扩大）会议清醒地总结出：努力开创首都城市副中心建设新局面，通州正处于要用更大工作力度才能有更大作为的战略爬坡期，正面临着许多挑战。第一，宏观经济形势依然复杂严峻。世界经济低速增长态势仍将延续，国家和北京市对信贷融资、土地开发管理、房地产市场持续调控，这对处于加速推进期，需要更多资金、政策支持的首都城市副中心建设来说，是不小的压力。第二，加速转变经济发展方式任务依然艰巨。既要加快经济发展速度，又要大力调整产业结构，这给通州的工作提出了更高要求。第三，通州处于不进则退、慢进也是退的压力之下。周边区县都在千方百计谋发展，前瞻新一轮发展的战略高地。经济总量,与第一名相比,通州有差距;与最后一名比,优势不明显。如果发展不够快、不够好,就会被落下更多,就谈不上首都城市副中心。第四,通州的精神状态、工作能力和工作魄力与挑起首都城市副中心建设的千斤重担,无疑是一个严峻的挑战。面对挑战,原通州区委书记王云峰讲道:在这样一个爬坡过坎、蓄势突破的关键阶段,再加一把劲,再努一把力,就可以打开新空间、步入新境界、开创新局面,松一口气就会前功尽弃,就会落在别人后面。要为通州发展而"闯",进一步开拓创新,开展学习型城区建设,通过教育提升学习力、创新力至关重要。因为创新是攻坚克难的强大动力。建设首都城市副中心是一项全新的伟大事业,不创新无以破难题,不创新无以成事业。开拓创新就是要博采众长、兼收并蓄,善于学习国内外一切先进理念、成功经验,广开思路、问计于民,做到知识丰富、眼界宽广、思路开阔;就是要深入思考、勇于探索,改变心智模式,以创新冲破一切"不可以"、突破一切"不可能"、打破一切"不能够",以创新生发不竭动力,以创新迸发无限活力,在创新中探索规律、破解难题、寻求出路,确保首都城市副中心建设取得突破性进展。

2013年之后,通州北京城市副中心建设的步伐正在不断加快,经济社会全面跨越式发展的进程正在持续向前。2014年通州区政府工作报告中明确提出要围绕"一核五区"开发建设,加快构筑北京城市副中心功能形态;要围绕项目建设和产业升级,加快做强北京城市副中心产业支撑;立足京津冀一体化和京津同城发展,充分发挥通州在区域合作中的桥头堡和枢纽作用。高标准编制北京城市副中心商业和现代服务业规划,打造高端商务服务业集群,支持总部经济、楼宇经济、电子商务、服务外包等业态发展。要围绕城乡统筹发展,加快形成北京城市副中心城乡一体化格局。要围绕功能提升与民生改善,加快建立与北京城市副中心相匹配的社会治理体系。要围绕生态文明建设，加快构建北京城市副中心高品质人居环境。围绕发展环境建设，加快打造北京城市副中心品牌形象。

上述背景和要求，都对作为北京城市副中心的通州的人力资源、教育资源和高素质劳动者和技术技能人才的供给提出了更高更新的需求。

首先，如何满足当前形势下北京城市副中心建设急需的各种技术技能人才需求，成为当下通州发展亟待解决的问题之一。

其次，通州北京城市副中心的定位也对通州社区生活环境和人的素质提出了更高要求。人口的快速膨胀与教育资源总量不足、教育资源未能充分共享的矛盾逐渐突出，迫切需要多种灵活、方便的教育方式和教育服务，需要有教育机构的加入。高职院校推进社区学院建设的模式无疑是解决以上问题的一条有效途径。

最后，目前，通州区正在结合全面建成小康社会、建设中国特色世界城市的实际，紧紧围绕建设"首都城市副中心"的区域功能定位，积极探索创建学习型城区先进区工作的新途径、新模式。在终身教育观下，通州社区学院的创建可以丰富和完善通州在建设北京城市副中心背景和视野下的教育版图和布局。可以进一步加强通州学习型社会理论的学习研究，大力推进学习型组织创建工作，完善终身教育和终身学习服务体系。

第三节　依托北京财贸职业学院创建通州社区学院

一　北京财贸职业学院概况[①]

北京财贸职业学院（北京市财贸管理干部学院）创建于

---

① 主要内容来源于北京财贸职业学院官网和其年度质量报告。

1958年，是北京市属公办普通高等职业院校，是国家示范性高等职业院校，是首都文明单位和北京高校平安校园示范校。现有校本部（通州）、涿州和东四三个校区，总占地面积402.3亩。在学院50多年的发展历程中，经历了干部培训、成人教育和职业教育三个阶段。培养大学本科、专科、中专，并联合培养研究生，短期培训超过50万人次。大多数校友就职于首都商贸、金融界，一大批杰出校友成为社会精英，执掌着一批领军企业，被首都商界誉为"黄埔军校"和"经理摇篮"。现全日制在校学生6000人，全校教职工555人。校内教学、生活设施设备先进，建有17000平方米的实训基地、2000平方米生产性实训基地，校外建立了300多家顶岗实习基地。

学校设有立信会计学院、金融系、工商管理系、信息物流系、旅游系、广告艺术学院、国际教育学院、基础教育学院、继续教育学院和思想政治教研部共10个教学单位，开设了会计、金融与证券、工商企业管理、连锁经营管理、市场营销、物流管理、物联网应用技术、电子商务、导游（国际导游）、旅游管理、酒店管理、会展策划与管理等16个专业。其中连锁经营管理、物流管理、导游（国际导游）专业是国家级示范专业；会计、金融与证券专业是北京市示范专业。

师资力量雄厚。全校现有专职教师320人，其中教授、副教授140人，享受国务院特殊津贴专家7人，全国优秀教师4人，北京市跨世纪人才工程3人，北京市创新人才7人，北京市优秀教师12人，北京市高校教学名师12人，北京市高层次创新名师1人，北京市高校学术、管理创新团队和优秀教学团队20个。

学院始终坚持"质量立校、特色兴校、人才强校"的办学理念，以"建设国内一流，具有一定国际影响力的财贸高职名校"为发展目标，按照"坚持开放办学，深化内涵发展，加强文化引领，突出财贸特色"的工作思路，通过"延伸职业教育产业链的蓝海战略、校企合作的一体化战略和学院品牌管理战略"，主动适应首都经济社会发展的需求，不断推进校企"双主体"办学进程，在财贸人才培养、商业经济研究、文化建设、社会服务等方面不断取得新的进步，获得了较好的社会效益和社会影响。

学院积极推进校企双主体办学进程，成立了多家企业冠名商学院和人才培训基地。学院依托"京商研究"和"首都流通现代化研究"两个北京市级科技创新平台，形成了社会服务品牌。学院总揽了北京市"九五"至"十二五"、中关村科技园区、CBD、北京经济技术开发区等40多项商业规划项目；为王府井百货、全聚德、菜市口百货、西友集团等50多家大中型企业提供多项咨询服务；形成了公司创办、战略管理、理财实务、营销策划、卖场管理等20多个职业培训品牌项目，每年职业培训万人以上。

学院三个校区分别隶属通州、涿州和东城。近年来，学院通过与地方政府、社区的合作，将教育服务辐射到属地和社区，不断扩大学院的办学影响力，为首都社会发展做出自己的贡献。学院与通州区合作，成立了"玉桥街道、永顺镇、北苑街道、通州图书馆"等多支通州区志愿服务团队，积极开展"为社区60岁以上的老人免费理发""真假币防伪金融知识社区讲座""珠宝鉴定培训"、帮助街道制作"楼门文化"等志愿项目，并获"北京市学雷锋志愿示范岗（站）""通州区学雷锋志愿服务示范岗"、北京市高校志愿服务前十名等荣誉。学院还积极组织全校师生开展"通州区创建全国文明城区"志愿服务工作，举办"大学生文明礼仪通州行"，在全区范围内设立北京财贸职业学院大学生文明志愿岗，在通州大运河国家森林公园、宋庄艺术园区举办大学生"文明创城"公益宣讲。学院师生担任交通协管员、垃圾分类讲解员、指路引导员等志愿工作。

二 创建通州社区学院的必要性和重要性

（一）创建社区学院是通州全面建设小康社会的必然需要

社区学院在丰富人民群众精神文化生活，提高市民综合素质，促进全民学习、终身学习、高等教育大众化，推进学习型社区和学习型城市建设等方面发挥不可替代的重要作用。建立社区学院，发展社区教育，对全面提高通州区居民科学文化、思想道德、身体心理素质，提高通州区精神文明水平，形成健康向上、文明和谐的氛围，全面实现小康社会，具有十分重要的意义。

（二）创建通州社区学院是构建终身教育体系的重要需要

社区学院与高职院校有许多共性，依托北京财贸职业学院为基础建立"通州社区学院"，即在北京财贸职业学院增挂牌子，实现人、财、物等资源共享。逐步建立和完善终身教育体系，努力提高社区居民整体素质。建立学习型社会是当今社会发展的必然趋势，也是新时期教育综合改革和发展的目标。社区学院的建立，有利于通州区开展各种不同类型、层次的职前、职后和转岗培训，拓展与更新知识，增长才干，提高素质。社区学院成立后，将发挥人才、师资、科研、技术等方面的优势，服务社区劳动力转移，服务产业转型升级，服务社区居民职业技能培训，服务社区文化建设，与通州共同建立各类培训教育基地。通州社区学院将是通州区政府和北京财贸职业学院双方智慧的结晶，可借此探索出一条新型的产学融合、区校合作之路，创建区校合作的典范。

（三）创建通州社区学院是适应经济社会发展对人才多样化的需要

通州区近几年的经济社会发展突飞猛进，经济社会的发展对人才的需求日益趋于多样化。通州区各乡镇、街道，不同的行（企）业之间的经济水平和技术水平差别大，需要的人才类型、规格、层次差异也很大。社区学院能立足通州，熟悉通州，其灵活的开放式办学模式培养的各类人才能满足这种需求。

（四）创建通州社区学院是全面提高市民素质的需要

通州是北京城市副中心，在建设城市、大力发展过程中必然有成千上万的农村劳动力向城市居民转移。要实现农民向市民的转变，提高他们的市民素质和就业技能，使他们在较短的时间内成为具有良好市民素质的合格员工，正是社区学院应承担的义务和职责。

（五）北京财贸职业学院具有承接通州社区学院创建功能的先天优势

人才培养、科研和社会服务是高校的三大主要功能。北京财贸职业学院作为国家示范性高职院校，多年来，一直致力于与政府、行业、企业和社区的合作，学院各项成绩的取得也大多得益于政府、企业、社区的支持。因此，充分发挥北京财贸职业学院的优势，服务通州区域发展，成为当前学院的重要工作。同时，通州区为系统化、条理化，整合社区教育的资源，需要依托北京财贸职业学院建设通州社区学院。共同建设通州社区学院是建设北京城市副中心社会经济发展的需要，是提升通州市民素质的需要，也是践行党的群众路线、满足人民群众不断增长的文化和社会需要的具体举措。

三 通州社区学院的功能定位

通州社区学院是一所新型的、面向全体通州市民的、旨在提高市民综合素质和文化水平的社会化、开放式学校，是传统大学和现代市民教育、社区教育的有效结合的教育机构。可以进行职业教育、短期培训、再就业教育、市民教育和终身教育等。社区学院是一所新型的、面向辖区居民的社会化、开放式学校，是建设学习型社会的骨干力量。学院的成立，将为创建学习型社会、提高通州居民素质，搭建一个良好的平台。通州社区学院的建设目标是依托国家示范性高职学院北京财贸职业学院为基础，以服务通州区经济社会发展和通州居民终身学习发展为使命，打造国内一流、国际知名的社区学院。

四　通州社区学院的建设思路

北京财贸职业学院通过创办社区学院积极支持社区的建设，将师资、教学实践设备、教学场所向社区教育开放，满足社区教育紧缺的教育资源需求。派教师参与社区教学，让社区学员到学校参加培训，为社区公众提供普遍的学习机会，为之创造更多的就业能力和就业准备度，提升社区产业的市场竞争力和经营发展空间。同时，通过社区学院使学院的办学更加贴近基层的需要、符合人民百姓的要求，使学院的发展与通州经济紧密结合，实现为通州经济服务的办学目标，提升高职院校的办学水平，锻炼教师的实践能力，培养学生的综合素质。

五　通州社区学院建设的主要路径

通州区和北京财贸职业学院签署区校战略合作协议，学院和通州区分别发挥人才优势和地域资源优势，共建社区学院，搭建区校合作平台，推进通州区教育发展，创建区校合作典范。新建成的社区学院，将在师资、科研、服务社区劳动力转移、产业转型升级、职业技能培训、社区文化建设等方面展开区校双方的全面深入合作。在此基础上，双方还可共建社区职业技能培训基地、教师研修基地、社会实践基地、农校合作基地等，实现专业产业对接和深度文化共建。学院班级也可和社区进行对接，开展大学生社会实践、挂职锻炼、志愿服务、文化传承、义务支教等活动。

（一）对接通州社会需求，提供城市副中心建设急需的学历课程

针对北京城市副中心建设发展中需要的人才，做好调研，并提供定制的学历课程服务，保障地区人才供应。积极开展高等学历教育。可依托北京财贸职业学院提供多个专业的普通高职学历教育、成人学历教育和党校研究生学历教育。此外，可将北京开放大学的教学资源引入社区教育，学生获得广播电视大学文凭。

（二）立足区域发展定位，提供各种继续教育培训

针对各委办局、企事业单位的人员发展需求，提供专业发展能力的各种非学历继续教育培训。主要有：岗前培训、在岗培训、转岗培训、行业职业资格教育、基础文化补习等。还可举办社区工作者培训班等一系列面向职业岗位的培训，培训直接面向职业岗位，为居民就业、转岗或职业晋升做准备。此外，关注弱势群体，为下岗、转岗人员服务，也是社区学院的重要任务。社区学院统一规划开展转岗和再就业培训，对一些家庭困难的职工实行免费培训。

（三）满足不同群体的教育需求，提供居民需求的课程与场所，扩大社区教育影响力和辐射力。

针对各类人群（一老一小、流动人口、白领、上楼农民、外籍人士等）的文化生活，建设和谐社会，提供多层次、多类型的教育服务。开展提升居民素质，提升社区文明度、和谐度的社会文化生活教育。主要包括社区居民文化生活和精神文明教育、社区教育人员培训、老年休闲教育、外来人口教育等专业或专项教育。为居民提供上门服务；通过寒暑假夏令营等活动在社区举

办学生作业辅导中心，举办寒暑假、周末各年段学生语、数、英等精彩讲座；开办公益性的文化生活技能培训等。让学院师生走入社区，以社区教育为平台，借助北京财贸职业学院高职的资源优势与社区联办"社区职业技能成果展示会"。发挥学院的专业特长，在社区举办一系列居民喜闻乐见的服务于居民的讲座，开展各种便民服务。

六　通州社区学院建设的具体措施

（一）打造社区教育培训基地

通州品牌学历项目："一核五区"高职课程、城市副中心需要的课程。

通州精英项目：委办局人员的培训、企业员工培训、农民工培训。

幸福居民项目：不同人群的培训、社区公益性培训。

（二）建立通州社区资源的整合平台

研究中心、居民学习管理中心、信息中心、国际交流中心。

（三）建设首都市民学习服务基地

北京市教委正在全力培育和打造30个左右的首都市民学习服务基地，明确表示大力支持以北京财贸职业学院为依托创建通州社区学院，并已经将北京财贸职业学院服务通州社区教育项目列入2015年北京市计划培育的市民学习基地中。

一是开展社区居民学习需求调研，完成调研报告。

二是建设通州区市民学习资源平台，开发完成《通州市民学习资源读本》（5000册）和《通州市民学习资源手册》（3000册）。

三是开发建设五门社区居民学习课程（《礼仪风尚》《投资理财》《普法知识》《创业之道》《珠宝鉴定》）。

四是建设通州区永顺镇、玉桥街道学习型社区服务项目（主要包括军民共建技能证书项目、通州失学青年学历提升项目、社区楼门文化项目、财贸师生志愿服务社区项目、建立社区心理咨询服务站等五大服务项目）。其中包括建立三个大学生社会实践基地，建立两个北京财贸职业学院心理咨询服务站，举办两期50人次的青年素质拓展训练班，制作完成1—2个街道、社区、居民楼门文化点，开发并实施2—4个大学生服务社区便民项目，开展四次高雅艺术、民族艺术专家进社区开展社区讲座表演项目，培训通州武警和居民800人次。

五是北京财贸职业学院已经构建"课程、大赛、孵化"三位一体的创业教育模式，创新创业教育取得明显成效。2014年有四支创业团队荣获"北京高校大学生创业优秀团队"，在北京地区82所高校中成为唯一获奖的高职院校；被北京市教委授予北京高职院校首家"北京地区高校示范创业中心建设单位"。通过首都市民终身学习基地，不断完善创新创业教育与服务体系，加大投入，在建立高职学生创新创业孵化基地的同时，创建通州青年创新创业孵化基地。加强创业教育与辅导，聘请优秀教师和通州区企业家担任青年创业指导教师；设立通州青年创新创业基金，每年支持通州区青年创新创业项目不少于20个，建设通州青年创业创新品牌。

七　通州社区学院建设的保障

（一）组织保障

成立后的通州社区学院是在通州区委、区政府领导下，采取在北京财贸职业学院增挂牌子，实行一套班子管理，人、财、物资源共享。

第一，通州区政府与北京财贸职业学院共同协作建立互动合作的组织机构。实行领导小组领导下的院长负责制。由区政府领导和北京财贸职业学院领导共同担任领导小组组长。成员由各部、委、办、局及各街道、乡镇领导以及北京财贸职业学院相关领导兼任。下设办公室，负责社区学院日常管理工作。

第二，强化办学管理。实行领导小组领导下的院长负责制，重大事情提请领导小组决定。领导小组每学年召开一次会议，研究社区学院的年度工作计划，协调各相关部门的工作。社区学院的办学每年都由政府与学院共同定位，做出计划与安排。其所开设的专业与当地的社会经济发展相结合，与社区居民的需要相结合。

（二）经费保障

前期经费由北京财贸职业学院筹措。今后可由北京市政府通过购买服务和通州区政府安排专项经费作为社区教育的扶持资金，保证社区学院的规范化办学。经费上采取了"政府拨一点、社会筹一点、单位出一点、个人缴一点"的形式推进社区教育的开展。

（三）人员队伍保障

三支队伍建设：管理者、师资队伍、志愿者队伍。通州经济社会发展对人才培养的要求与社区教育发展实际状况之间的矛盾，决定了北京财贸职业学院可以其稳定的师资队伍、良好的办学条件、丰富的办学经验，在社区教育中发挥骨干作用。

八　通州社区学院的筹建模式

筹建通州社区学院是一项系统的社会工作，需要政府的统筹领导，各部门的通力协作和广泛参与。为了使各项工作能顺利地展开，建议如下：

（一）机构设置

成立通州社区学院筹备小组，组长由通州区领导和北京财贸职业学院领导兼任，成员由各主要部、委、办、局、街道、乡镇和电大领导组成。下设办公室，具体负责筹建的各项工作。

（二）开展研究

以国内和北京市做得出色的社区学院为样本，进行相关的学术研究，为通州社区学院提供理论支撑。

（三）召开会议

首先，以筹备小组名义召集一次由主要部、委、办、局、街道、乡镇领导同志参加的座谈会。内容包括明确通州社区学院的性质和职能、社区学院和社区的关系等。

其次，围绕社区学院建设召开系列研讨和论坛，为通州社区学院发展献计献策。

（四）筹建目标

由筹建小组统筹规划，力争通州社区学院挂牌成立。

九 通州社区学院建设必须坚持的原则

依托北京财贸职业学院创建通州社区学院十分必要，但是也不能生搬硬套，僵硬地将两者结合在一起；必须在对通州的社区实际进行充分调研论证的基础上，按照社区需求引入相应的教育资源和方式，总结出创建通州社区学院必须坚持的原则。

（一）坚持公益性原则

依托北京财贸职业学院创建通州社区学院，其根本目的在于构建终身学习体系和建设学习型城区，是实现"民族复兴、国家富强、人民幸福"的中国梦蓝图上的一个有机组成，不是商业行为，不是以营利为目的的。因此，应该始终坚持公益性原则，以不收费、少收费、收费全部回馈在提升居民素质过程中的必要的耗材和设备材料上为最基本的原则，坚持不动摇。也只有这样，才能保证社区教育的本质不走样，健康发展。政府应该通过购买服务、财政支付和专项委托等方式通过北京财贸职业学院将优质的教育资源通过通州社区学院合理地运用到通州的居民中去。

（二）坚持自愿原则

社区教育职业技能培训是以人为本的教育，尊重人的个性，尊重人的个性发展，这是社区教育的本质之一。因此，社区教育职业技能培训要始终坚持自愿原则，这也应该是通州区社区教育和通州社区学院发展的大方向。在调查了解居民需求的基础上，设计职业技能培训的内容，社区居民才会积极参加，社区职业技能培训才会有实效。

（三）专业化与大众化相结合的原则

社区教育要从大众化着手，但是也不能忽视了部分专业深化教育。相应的社区教育资源的提供既要以大众喜闻乐见的资源为主，还要充分了解部分高学历人群的专业爱好，以满足其特殊需求。

（四）针对性与普及性相结合的原则

从教育时间来看，要把针对性与普及性相结合。社区教育主要是利用社区居民业余时间来进行，从社区居民的从业情况来看，大部分人业余时间有限，如在职职员和在校学生就只有周末和节假日等假期有充足的时间，这就要求社区教育的介入要根据不同的受众安排不同时间进行。从教育内容来看，也要把针对性与普及性相结合。在职职工希望进一步提升职业能力，下岗职工希望掌握技能再就业，离退休职工需要充实自己的业余生活，学生群体则需要利用时间来提升学习成绩，这些不同的受众就需要不同的教育资源。介入社区教育，必须充分考虑到受众需求，提供既具针对性又有普及性的教育资源。

（五）技术性与趣味性相结合的原则

社区居民的需求是社区教育选择的最重要标准。从社区居民希望接受的社区教育类型来看，文化娱乐活动占了很大比重，其次是志愿服务和社区政务活动。这就要求社区学院在教育资源和教育方式上要以趣味性为主，多提供文化娱乐活动，而这些资源在高职院校是比较充足的。在此基础上，还要结合技术性原则，充分利用高职院校技术特色和优势，不仅为社区提供技术教育资源，选派相关专业师生对居民进行技术培训，还可以为社区提供技术服务，在社区建立义务维修站等专业场所为居民提供义务服务。

（六）线上与线下相结合的原则

伴随着信息化和网络化大潮的兴起，网络线上实践也成了当今社会的又一新兴实践方式。网络线上实践是指主体在网络等虚拟空间使用数字化中介手段进行的实践。社区教育的进行在充分利用现实空间的基础上，还要不断开拓网络虚拟空间。目前通州区大多数家庭已接入网络，但是网络的使用大多局限于娱乐、游戏等功能，学习功能利用很不充分。高职院校可以利用专业优势建设专门的社区学习网站供居民使用，还可以将丰富的网络教学资源对社区居民开放，这可以大大满足居民的不同资源和时间需求，可以使社区居民更充分合理地安排自己的学习时间。

（七）多方保障的原则

高职院校创建社区学院开展社区教育，本身已经打破了社区教育与职业院校在归属体制上的一些障碍，但是体制归属对双方各自的限制在现阶段还并未完全彻底消除。因此，通州区政府应在政策的制定上，进行顶层设计，出台一些可行的、操作性较强的地方性政策，在法规层面、经济层面予以保障；北京市和通州区教委则在职教资源开展社区教育的活动中，提供管理、运行、奖励或激励的保障，从而使职业教育社会化项目在各方综合保障的前提下健康成长。

（八）社区与高职院校动态协调原则

在社区学院的平台上，社区和高职院校携手开展社区教育活动，双方应该有机协调、无缝链接。社区更了解居民，包括经济、文化、年龄结构、培训需求；高职院校更了解本身的职教资源优势，包括师资队伍、课程、设备设施。因此，双方在共同做一件事的时候，沟通、协调是必需的。为此，随着时间、情况的不断变化，双方及时进行动态调整也成为一个必然的条件。

十 "首都—财贸"模式的初探

依托北京财贸职业学院创建通州社区学院最显著的特征就是北京财贸职业学院把建设首都市民终身学习基地与创建社区学院融为一体，与服务首都学习型城市建设融为一体，从而形成了高职院校、社区学院和首都市民终身学习基地融为一体、共同发展进步的首都高职院校社区化办学的"首都—财贸"模式。

首都市民终身学习基地建设是北京市学习型城市建设"十三五"期间的重点工程。目标是充分利用首都丰富的优质教育资源，建设或认定一批由政府投资建设或者社会力量兴办的、标准化的"首都市民终身学习服务基地"（以下简称"基地"）。创新基地的运营机制和服务机制，整合社会公共资源，发挥各类社会组织的积极性和创造性，提升市民参与终身学习的意愿与程度。

具体任务包括：第一，建立规章制度，规范基地的建设标准。制定《首都市民终身学习服务基地标准》和《首都市民终身学习服务基地管理办法》，依照"发挥政府主体功能，引导社会机构参与，激活市场活力"的基本原则，完善已有基地的建设，带动新兴基地的发展。力争三年内在全市范围内评选以及命名 100 个北京市级"首都市民终身学习服务基地"，并对基地给予一定的经费支持，对评选出的基地进行分类管理与指导，最终形成具有首都特色的终身学习基地体系，更好地为首都市民服务。第二，转化政府职能，创新基地的运营与服务机制。选择有条件的地区以及市民终身学习服务基地进行试点，采取公开招标、委托经营、契约管理的方式，完全交给或者邀请信誉良好、专业过硬的事业单位或社会组织参与深度运营。设立专项资金，出台购买教育类服务指导目录，以购买服务的方式，择优选用专业社会组织或学习共同体为市民提供多样化的服务。并且每年评选优秀的市民终身学习基地，给予项目资金奖励和优先购买服务等政策倾斜。第三，引导社会力量，构建首都"市民终身学习圈"。依托社会服务管理网格，按照 1.5—3 公里直径划分市民终身学习圈。通过新建、共享、租借等方式，保证每个社区有能够满足市民组织化学习的公共空间和基本设施。市民学习共同体通过社会服务管理网格上报场地需求，经审核，由当地居（村）委会、街道、乡镇协调落实。逾期未落实的，由社会服务管理网格主管部门发督办件。对资源共享出色的社会单位给予奖励。第四，建立统一标识体系，宣传和推广学习型城市基地。设计首都市民终身学习服务基地的 logo 等标识体系，让更多的市民了解学习型城市建设的相关工作。通过各类媒体宣传介绍，跟进各个基地的建设进展，努力使北京学习型城市形象深入百姓心中。

首都市民终身学习基地将分为公益性场馆基地（包括各类博物馆、图书馆等）、各类院校基地（包括首都的各类学校，特别是职业院校）和社区机构（社区学院、社区教育中心等）。北京财贸职业学院可利用首都市民终身学习基地积极探索学校类基地的建设标准和典型案例，通过打造职业教育特色鲜明的首都市民终身学习基地，为积极筹建通州社区学院打下良好的基础。逐步打造和形成高职院校、社区学院和首都市民终身学习基地三位一体协同创新、共同发展进步的首都高职院校社区化办学的"首都—财贸"模式。

附 录

北京市教育委员会关于新时期促进本市社区学院建设和发展的意见

（京教职成〔2011〕3号）

各区县教委、各有关中等职业学校：

新世纪第二个十年是首都现代化建设的关键阶段，是落实"人文北京、科技北京、绿色北京"发展战略，建设世界城市的重要时期。为贯彻国家和本市中长期教育改革和发展规划纲要（2010—2020年），落实市委市政府《关于大力推进首都学习型城市建设的决定》要求，进一步推动本市社区学院科学发展，充分发挥社区学院在建设学习型城市过程中的重要作用，制定本意见。

一　充分认识新形势下加强社区学院建设的重大意义

1999年至今，本市已先后建立了十所社区学院。在党的十六大、十七大精神指引下，社区学院积极参与全民学习、终身学习的学习型社会建设，确立了"人才培养面向社区、培养模式适应社区、教育改革服务社区、建设发展依靠社区"的发展方针。通过整合区域内各类教育和学习资源、拓宽办学渠道、突出社区教育特色，搭建终身学习服务平台，面向驻区单位和社区居民大力普及终身学习和学习型组织理念，积极开展学历继续教育、非学历继续教育、社会文化生活教育，为区域经济建设和社发展培养了大批应用型人才；初步满足了不同人群多样化和个性化的学习需求；在区（县）、街（乡镇）和居（村）三级成人教育网络中发挥了龙头作用，逐渐成为区域性、开放式和服务型的成人高等教育机构，社区居民终身学习的重要场所，推动学习型城市建设的一支重要力量。

新形势下社区学院在丰富人民群众精神文化生活，提高市民综合素质，促进全民学习、终身学习、高等教育大众化，推进学习型社区和学习型城市建设等方面发挥不可替代的重要作用。面对新形势、新阶段和新任务，必须进一步明确社区学院的办学功能定位、服务方向，创新发展模式、拓展办学功能，加强社区学院建设，努力提高社区学院服务市民终身学习和学习型社会建设的能力，为建设"学习之都"做出更大的贡献。

二 要进一步明确推动社区学院发展的指导思想和总体目标

以邓小平理论和"三个代表"重要思想为指导，深入落实科学发展观，全面贯彻党的教育方针，根据首都城市功能定位，主动适应建设学习型城市的需要，坚持以人为本，着眼于提高城市文明程度、市民综合素质和人的全面发展，以改革创新为动力，以提高质量为核心，强化服务全民终身学习的理念和意识，努力打造具有中国特色、北京特点的新型社区学院。

社区学院是推动学习型城市的重要力量，服务全民学习、终身学习的重要基地，构建终身教育体系的重要组成部分。新时期社区学院建设应着眼于服务市民学习的教育机构、统筹区域学习资源的协调机构、市民学习成果的管理机构三个基本功能。建设集学历或非学历继续教育、职业教育和社会文化生活教育等教学、服务与管理于一体的新型社区学院，成为市民身边的大学。

三 进一步拓展社区学院的教育服务功能

继续办好学历继续教育、现代远程教育、自考助学辅导等教育；面向各类从业人员、转岗再就业人员、下岗失业人员、农村富余劳动力和流动人群，积极开展各类非学历继续教育、职业教育和技能培训，努力提高他们的就业和创业能力；以满足市民多样化、个性化的学习需求，提高居民文化生活质量和综合素质，促进和谐社会建设为目标，面向广大社区居民，大力开展内容丰富、方法多样、形式灵活的社会文化生活教育；开展社区教育理论研究、课程开发和社区工作者培训，指导和服务街乡（镇）、居（村）社区学校开展教育教学活动。在市、区（县）教育行政部门的指导下，服务学习型社区、学习型城区和学习型城市建设工作。

四 深化社区学院办学和教育教学模式

完善政府为主导，社会广泛参与，社区学院依法自主办学的办学模式和运行机制。社区学院要与政府部门、社区、企业事业单位和各类社会组织建立密切合作的关系。以社会和个人需求为依据，根据学习者的差异性和不同学习特点，积极探索有利于学习者自主学习的开放型教学模式；适应世界城市建设要求和社区教育的发展趋势，学习借鉴国外先进社区教育理念、教育形式、方法和手段，开展国内国际教育合作交流，努力提升自身办学水平和教育质量；发挥首都科研和人才优势，建立办学指导委员会、学术委员会等管理咨询和学术机构，促进社区学院科学发展。

五 开展终身学习制度建设试验

实现从传统的学校教育制度向建立终身学习制度的转变。依托区县社区学院为居民个人建立终身学习账户,对居民学习成果和经历进行记录。开展学分银行和学习成果认证存储、转移等终身学习制度建设试验。以实行学分制为基础,探索建立与自学考试、广播电视大学、网络学院、职业院校等教育机构学分互通互认的机制、学历教育与职业培训沟通的机制。逐步将社区学院建设成为各区县居民终身学习服务和成果认证管理机构,构建学历教育与非学历教育、正规教育与非正规教育、学校教育与社会教育互通互联的终身学习"立交桥",促进全民学习、终身学习以及每个人的全面发展。

六 加强终身学习资源和服务体系建设

以社区学院为依托,整合区域内各类教育和学习资源,建设面向全体居民的终身学习公共服务网络和资源平台。进一步发挥社区学院在区域社区教育三级办学网络中的龙头作用;加强终身教育或社区教育网站建设,利用三网合一的有利时机,大力推进数字化学习社区建设。逐步形成覆盖区(县)域,以社区学院为枢纽,各类学校为节点,双向连接的网络学习服务平台。进一步丰富学习资源、完善学习服务功能、改革传统的学习方式,充分利用现代信息技术手段开展学习服务工作,为实现"人人皆学,时时能学,处处可学"的目标奠定坚实的基础。

七 建设一批示范性社区学院

为促进社区学院发展,提高社区学院的办学、管理水平和服务能力,全市将启动示范性社区学院创建工作,开展示范性社区学院评估。把本市社区学院打造成具有中国特色、服务终身学习,具有较高办学水平的社区学院。

八　加强对社区学院建设工作的领导

进一步落实区（县）党委、政府对社区学院发展建设的责任，把社区学院建设纳入区域经济社会发展总体规划，作为推进本区（县）学习型城区建设的重要载体，列入重要议事日程抓紧抓好。区（县）教委应进一步加强对社区学院办学工作的指导，帮助社区学院制定发展规划，研究解决社区学院发展中遇到的实际困难和问题。有关区（县）应加快推进职工（业余）大学向社区学院转型，尚未建立社区学院的区县，要进一步整合资源，积极创造条件组建社区学院。

各区（县）政府应将社区学院办学和建设经费纳入财政预算，进一步加强对社区学院建设工作的投入，努力改善社区学院的办学基础条件，加大专项经费的支持力度，按照办学功能和教学要求配备教学仪器设备。

九　切实加强社区学院管理干部队伍和教师队伍建设

各区（县）按照常住人口的一定比例为社区学院配备教师和管理干部，充实师资力量和管理力量，加强管理干部队伍和教师队伍建设。从实际出发，研究制定社区学院教师职称评定、岗位聘任等政策。在教育行政部门的指导下，各社区学院要完善教师的聘任培养、考核和激励制度，大力开展管理干部和教师培训，注重干部教师思想观念转变、提高教师的专业能力、干部的管理能力，努力提升整体办学水平和服务能力。

十　加强理论研究、工作交流和宣传

及时总结、宣传本市社区学院的办学成果和经验，为社区学院发展营造良好的舆论环境。全市要定期表彰社区学院先进单位和先进工作者。社区学院教职工和管理干部要纳入本市教育系统各类表彰奖励范围。支持社区学院之间开展工作交流和学术交流，支持社区学院同其他专业教育机构开展办学交流和合作，支持社区学院开展同国内外的教育交流和合作。组织力量对社区学院改革发展中的重大问题进行理论和科学研究。吸取借鉴国内外的成功经验，加快推进本市社区学院建设。

二〇一〇年十二月二十一日

参考文献

1. 柴福洪等：《高等职业教育名词研究》，高等教育出版社 2012 年版。

2. 程晓：《杭州社区教育运作模式研究——以杭州市下城区为例》，硕士学位论文，杭州师范大学，2011 年。

3. 崔晓芳：《终身教育视野下职业教育对社区教育的嵌入》，《广东轻工职业技术学院学报》2012 年第 11 卷第 1 期。

4. 范宇竹：《终身教育视野下职业教育对社区教育发展的影响》，《职教论坛》2013 年第 14 期。

5. 国务院：《国务院关于加快发展现代职业教育的决定》，2014 年 6 月 22 日，中国教育部网站（http：// www. moe. gov. cn）。

6. 韩娟：《职业院校"社区化办学"探析》，《职教论坛》2014 年第 33 期。

7. 郝美英：《国外社区教育的成功经验及其对我国的启示》，硕士学位论文，河北师范大学，2009 年。

8. 霍丽娟：《职业院校应服务终身教育》，2010 年 1 月 27 日，中国教育信息网（http：// www. jyb. cn）。

9.《建设学习型城市北京宣言——全民终身学习：城市的包容、繁荣与可持续》，《高等继续教育学报》2014 年第 1 期。

10. 教育部等六部委：《现代职业教育体系建设规划（2014—2020年）》，2014年6月23日，中国教育部网站（http://www.moe.gov.cn）。

11. 雷学荣：《蓝海战略：我国职业教育竞争的新视角》，《职教论坛》2008年第11期。

12. 刘洪一等：《高等职业教育创新发展模式研究——以东部地区为例》，商务印书馆2012年版。

13. 刘细发：《职业技术教育在学习型社会中的定位》，《教育导刊》2003年第11期。

14. 年四宝：《公共服务视角下的城市社区教育之探讨——以上海市浦东新区为个案》，硕士学位论文，复旦大学，2010年。

15. 孙桂华：《社区学院实践探究》，北京航空航天大学出版社2009年版。

16. 王诗宗：《治理理论及其中国适用性：基于公共行政学的视角》，同等学力博士学位论文，浙江大学，2009年。

17. 王志华：《高职院校与社区教育融合的实践模式初探》，《中国成人教育》2008年第14期。

18. 夏飞：《高职院校在北京学习型城市建设中的战略定位》，《成人教育》2015年第2期。

19. 叶忠海：《学习型城市建设研究》，同济大学出版社2011年版。

20. 叶忠海：《中国社区教育发展研究》，同济大学出版社2011年版。

21. 余瑞芬：《国际比较视野下社区教育发展模式研究》，硕士学位论文，南昌大学，2012年。

22. 苑大勇：《试析首都城市功能转型与职业教育应对策略》，《北京财贸职业学院学报》2015年第1期。

23．张建国：《大城市中心城区学习型城区建设——北京市西城区的实践与思考》，中国人民大学出版社 2013 年版。

24．张群、杜佩莲：《试论高职教育对社区教育的介入》，《教育与职业》2007 年第 15 期。

25．张潇峥：《自组织理论视角下我国社区教育的定位及其模式研究》，硕士学位论文，首都师范大学，2014 年。

26．赵小段：《职业院校"社区化办学"的探索与思考——基于广州城市职业学院的探索实践》，《职教论坛》2015 年第 3 期。

后　记

笔下乾坤大，书中天地宽。一本小书，一段历程。

本书从最初构思到最终完成，真实地反映了我的一段心路历程，更是我近十年来从事职业教育特别是首都高职教育工作的实践总结和思想结晶。

本书的形成来源于笔者的高职教育、社区教育和学习型城市建设工作实践。自2006年到北京财贸职业学院工作以来，我先后从事了学校的教学管理和二级学院的学生管理工作，有了较为丰富的高职院校教育教学实践经验。2012年我在北京市教委职业教育与成人教育处挂职一年，对首都职业教育、社区教育和学习型城市建设工作有了切身的体会和深度参与，对首都职业教育与社区教育的融合发展有了较深的认知和理解。2014年我又有幸到教育部职业技术教育中心研究所借调工作一年，对我国职业教育最新发展的趋势和政策有了较好的宏观把握，也进一步深化了对高职教育社区化办学的理论思考和实践探析。2015年，在北京市教委的支持和批准下，北京财贸职业学院成为首都市民终身学习基地的培育单位，承担了首都市民终身学习基地的建设项目，我作为核心成员参加了项目的整体策划实施工作，也在积极探索高职院校、社区学院和首都市民终身学习基地三位一体协同创新，共同发展进步的首都高职院校社区化办学"财贸高职+"

模式。

　　本书的形成来源于我对首都职业教育特别是高职教育发展的不断思索。2014年我主持了中国职业技术教育学会科研规划项目课题"北京高职院校推进社区教育发展模式研究——以创建通州社区学院为例"。在此课题完成和深化的基础上，2015年，作为负责人我又成功申报了北京市教育科学"十二五"规划青年专项课题"首都高职院校社区化办学模式研究"——基于创建社区学院的视角（课题编号：CEA15191），本书的完成也将是此课题的主要成果之一。

　　本书的形成和出版，还来源于许许多多领导、师长、专家、同事、朋友和家人的支持、指导、鼓励和帮助。

　　感谢北京财贸职业学院的各位领导和同事的支持和指导。北京财贸职业学院为我提供了良好的工作和研究条件、广阔的实践平台。我的很多领导同事们还和我一起承担了课题和项目的研究与实践工作，和他们一起工作的时光我会终生难忘！

　　感谢北京市教委职业教育与成人教育处的各位领导和同事的支持和帮助。在职成处挂职的一年，是我对首都职业教育和社区教育深入接触和思考的一年，我在工作和研究上都得到了他们的大力支持和帮助。他们还为本书提供了大量的北京市职业教育和社区教育的权威资料。

　　感谢北京市教科研职成所的专家和研究人员给予的指导和帮助，本书的形成也参考了他们的不少研究成果。

　　感谢教育部职业技术教育中心研究所的领导和同事们的支持和鼓励。在中心所借调的一年，是我在职业教育研究领域快速成长的一年，中心所良好的研究氛围和宽广的研究视野，各位专家学者的无私帮助，都对本书的完成起到了积极的作用。

　　感谢我的家人和朋友，你们的支持、鼓励和鞭策给予我不断前行最坚定的信心和最大的勇气。

感谢中国社会科学出版社对本书出版的支持，感谢认真负责的编辑们。

我国的职业教育正在迎来发展的又一个黄金期，本书的出版仅仅是一个开端，我和我的从事职业教育的同仁们正昂首迈步走在新的征程上！

夏　飞

2015 年 7 月于大方居